zen no trabalho

Les Kaye

zen
NO TRABALHO

A Experiência Empresarial
de um Mestre Zen

Tradução
EDUARDO PEREIRA E FERREIRA

EDITORA CULTRIX
São Paulo

Título do original:
Zen at Work

Copyright © 1997 Les Kaye.
Preâmbulo © 1997 Huston Smith.
Introdução © 1997 Misha Merrill.

Publicado mediante acordo com Crown Publishers, Inc., Nova York.

Todos os direitos reservados. Nenhuma parte deste livro pode ser reproduzida ou usada de qualquer forma ou por qualquer meio, eletrônico ou mecânico, inclusive fotocópias, gravações ou sistema de armazenamento em banco de dados, sem permissão por escrito, exceto nos casos de trechos curtos citados em resenhas críticas ou artigos de revistas.

O primeiro número à esquerda indica a edição, ou reedição, desta obra. A primeira dezena à direita indica o ano em que esta edição, ou reedição, foi publicada.

Edição		Ano
1-2-3-4-5-6-7-8-9-10		00-01-02-03-04-05

Direitos de tradução para o Brasil
adquiridos com exclusividade pela
EDITORA CULTRIX LTDA.
Rua Dr. Mário Vicente, 374 — 04270-000 — São Paulo, SP
Fone: 272-1399 — Fax: 272-4770
E-mail: pensamento@snet.com.br
http://www.pensamento-cultrix.com.br
que se reserva a propriedade literária desta tradução.

Impresso em nossas oficinas gráficas.

*Para a minha sogra,
Katherine Bandelier, de Stillwater, Oklahoma,
que demonstrou durante 96 anos que a equanimidade,
não a empolgação, é a fonte da felicidade.*

Sumário

Agradecimentos	11
Preâmbulo	13
Prefácio	17
Introdução	21
A busca: uma parábola	25
1. Carreira dupla	31
2. A verdadeira natureza	43
Mundo sem fronteiras	45
Nada a alcançar	47
3. Mente e corpo	50
Unidade inerente	50
A origem do descuido: um relato	52
A respiração	53
A almofada correta	55
4. Auto-expressão	57
Como confiar na nossa intuição fundamental	57
Começar por nós mesmos	58
Um só círculo: um relato	59
Raízes profundas	62
De frente para o mundo	63
5. Uma aventura	66
6. Vivendo a realidade	81
Aprendendo a encontrar a satisfação	82
O mito do progresso	89
Da decepção à determinação	91
Como encontrar o equilíbrio	92
7. Relacionamentos	95
Questão de confiança: um relato	97
Não cortar relações	101
Buscando a harmonia	102

O jardim do vazio	105
Caso de política: um relato	106
8. A aventura continua	111
Viagem exploratória	116
9. Iluminação no trabalho	118
O veículo: um relato	118
Amizade	122
Incentivo	124
Equanimidade: um relato	125
10. Comunicação	127
Encontro com a atenção: um relato	127
A linguagem do coração	131
11. Intrepidez	134
Medo da separação: um relato	135
O caminho do bodhisattva	136
Abandonando as concepções que fazemos de nós mesmos	137
Sem limitações	139
Meio maluco: um relato	141
O dom da intrepidez	143
A sabedoria da incompetência	145
Apenas algo de que cuidar: um relato	147
12. Desprendimento	151
Desapego	151
Portas abertas: um relato	152
Como viver sem se lamentar	153
Aprendendo a trabalhar: um relato	155
Rendição	157
Ondas do mar	159
Saindo das cavernas	161
Castelos de areia	163
13. A espiritualidade no local de trabalho	166
O verdadeiro santuário	167
A verdadeira prioridade: um relato	168
O risco da indiferença	171
A verdadeira criatividade	173
O rio	176

SUMÁRIO

14. Vida espiritual, vida comum 178

Qual a utilidade? 179

A melhor coisa que me aconteceu: um relato 180

Impermanência 181

A generosa mente original 181

Os passos do Buda 183

Ver tudo integralmente 185

Notas 188

Agradecimentos

Não teria sido possível fazer este livro sem o apoio desinteressado e o incentivo dos meus amigos e da minha família.

Sou grato a Cate Hunter, que deu o imprescindível "empurrãozinho inicial". Liz Statmore, tendo se oferecido com empolgação para assumir a duvidosa honra de ler os primeiros rascunhos incompletos, jamais perdeu o entusiasmo de destacar as qualidades e dar inventivas sugestões para melhorar o texto e a estrutura. Sem hesitação, Misha Merrill mergulhou na longa e formidável tarefa de transcrever e editar palestras, tomando o cuidado de garantir que nada se perdesse ou se distorcesse na tradução. Os escritores John Hubner e Jill Wolfson generosamente roubaram um tempo precioso da sua jovem família e do seu próprio trabalho gratificante para me encorajar e me ensinar como cristalizar experiência em texto. Scott Lowe e o meu filho, David, com o seu amor à escrita e à literatura, deram engenhosas sugestões para melhorar a clareza e a precisão do que eu estava tentando dizer. A paixão da minha filha Margaret por explorar, viver e narrar a natureza essencial da humanidade me rendeu incontáveis comentários iluminados que esclareceram a minha própria compreensão. Tenho a felicidade de contar com a orientação de Adrienne Ingrum, da Crown Publishing, editora criativa e responsável pela minha carreira literária, que não deixou que os desgarrados se dispersassem e manteve o rebanho caminhando na direção certa. Finalmente, a minha mulher, Mary, com o seu sólido bom senso, com a sua paciência e o seu espírito generoso, funcionou como perfeita caixa de ressonância para as minhas idéias, os meus sentimentos e as lembranças da nossa trajetória comum.

Preâmbulo

Há quarenta anos, quando o zen-budismo entrava na minha vida mais ou menos do mesmo modo como entrou na vida de Les Kaye, segundo ele mesmo descreve aqui, podia-se contar nos dedos de uma só mão o número de bons livros sobre o assunto. Hoje esse número talvez seja cinco vezes maior. Por que então mais um?

Uma das razões é que o Dharma/Verdade é infinito. Nenhum número finito de obras pode esgotá-lo, mas este livro atende a uma necessidade específica. Ao ser introduzido nos Estados Unidos neste século, o budismo retomou a marcha a leste que primeiro o levou à China, depois à Coréia e ao Japão. Mas o seu passo atual difere desses primeiros por levá-lo não só a uma nova terra, mas a um novo tempo: a modernidade. Isso representa um desafio maior do que as migrações anteriores, e a indagação que se faz é se o budismo está à altura desse desafio.

O livro, com respeito a essa pergunta, é como um dedo úmido erguido ao vento, pois a estação receptora que a vida de Les Kaye proporcionou ao zen não foi simplesmente o mundo moderno. Foi a vanguarda desse mundo, representada pelo Vale do Silício, a capital irrequieta e altamente tecnológica do mundo da informática, que se transformou numa espécie de metáfora do futuro. De certo modo, o Vale do Silício é o "futuro num microcosmo", como costumávamos qualificar arrogantemente o MIT (Massachusetts Institute of Technology) durante os anos em que lá estive. A análise de sistemas e os laboratórios de desenvolvimento de produtos da IBM estão inimaginavelmente distantes do zendo do século XIII de Dogen. Os dois mundos são pólos opostos. Os chips dos computadores tipificam o futuro, enquanto o sentar silencioso olha não para o passado, mas para algo que representa um contraste ainda maior — a intemporalidade. E enquanto a tecnologia busca melhorar a vida alterando as suas circunstâncias, o budismo busca uma forma de o homem *se relacionar* com as suas circunstâncias, sejam quais forem.

Será que esses mundos podem se misturar? Pois a meta deste livro é não só mostrar que realmente podem, mas dizer como. Lastreado nos seus trinta anos de estudo e prática do zen — anos que o conduziram à sua atual condição de mestre e líder espiritual do Zen Meditation Center, conhecido como Kannon Do (Lugar de Compaixão), em Mountain View, Califórnia —, Kaye grava nestas páginas os ensinamentos básicos do zen. (Fiquei especialmente impressionado com a sua exposição da doutrina da impermanência, *anicca*, e as conseqüências da compreensão dessa doutrina para a vida.) Mas a característica que diferencia este livro é a forma como o autor entremeia a exposição do zen com vívidos relatos de problemas que enfrentou no seu trabalho convencional na IBM, carreira que seguiu paralelamente à prática do zen, e o modo como ele usou o zen para resolver esses problemas. O resultado é um livro que deve afastar de uma vez por todas o estereótipo de que meditação combina com tangas e cavernas no Himalaia, ou, no Ocidente, com bichos-grilo e batas indianas.

Só mais uma coisa antes de o leitor mergulhar nas experiências do autor: Les Kaye é tão intransigentemente fiel à sua tradição soto zen ao insistir que a meditação deve se desvencilhar de expectativas, que o leitor pode se confundir com isso. Pois se nada se pode esperar da meditação, por que praticá-la?

É verdade que não haveria razão para entrar na prática do zen se não existisse a esperança — que é uma espécie de expectativa — de que ela a longo prazo vá mudar para melhor a vida do praticante. Afinal de contas, o próprio Buda disse: "Só ensino uma coisa: a dor e a cessação da dor". Mas uma vez iniciado o estudo do zen, toda expectativa passa a ser contraproducente. É claro que elas continuarão a brotar; especialmente no início, tendem a explodir. Mas é preciso descartá-las o mais rapidamente possível, pois representam o canto das sereias que desvia a pessoa da sua tarefa. Retomando algo que já disse antes, o objetivo do zen não é conceber e implantar mudanças nas circunstâncias da vida. É avançar ao ponto em que se pode encarar criativamente cada circunstância, seja qual for.

O Caminho Perfeito não conhece dificuldades,
Salvo que se recusa a eleger preferências.
Só quando liberto do ódio e do amor

PREÂMBULO 15

É que ele se revela plenamente, sem disfarce.
A finura de um fio de cabelo
Separa o céu do inferno.

SENG TS'AN, "On Believing in Mind"

Não suponha, porém, o leitor que isso significa que jamais devemos tentar mudar as circunstâncias em que nos encontramos. E se dizendo isso parece que resolvi o primeiro enigma introduzindo um segundo, me declaro culpado e encorajo o leitor a continuar lendo para descobrir a nova solução.

Não creio que leitor nenhum ficará decepcionado, pois este é um livro gratificante. Com as palmas unidas em *gassho*, presto respeitosa reverência a Les Kaye.

HUSTON SMITH
Berkeley, Califórnia

Prefácio

[Meu] Poder sobrenatural e [minha] atividade maravilhosa: tirar água do poço e carregar lenha.[1]

Quando você passa ao lado da fachada envidraçada de um banco, de um bar ou de uma loja de departamentos, às vezes vê algo de relance, de rabo de olho. Você olha para o vidro e vê o que é. Por um breve instante, fita algo assombrosamente familiar, mas não consegue identificá-lo. Depois acaba reconhecendo, assaltado pela forte maré da memória.

Foi o que aconteceu comigo quando li pela primeira vez a concepção de vida concisa e informal do leigo P'ang: despertou em mim a vaga lembrança de algo que eu soube um dia, mas que esquecera havia muito tempo. Com essas poucas palavras, a minha sonolenta consciência acordou para aquilo que hoje me parece uma verdade óbvia: mesmo as nossas atividades mais prosaicas exprimem a inerente natureza espiritual da vida.

Apesar da sensação familiar que evocou, a poesia precisa também instigou uma idéia radical, proclamando que as tarefas humanas comuns — não só a oração, o canto, o ascetismo ou outras formas tradicionais de prática religiosa — são também expressões de espiritualidade. Como um espelho persistente diante da minha mente, incitou-me a questionar a minha forma usual de pensar, a tentar compreender por que eu havia esquecido algo que sempre soube. Por que eu fazia distinções entre as atividades da vida, determinando que algumas eram "espirituais" e outras "meramente comuns". Quem é que decide que carregar um balde de água é um milagre menor que curar doenças, entrar na órbita da lua ou até criar a própria vida? Investigando essas questões, compreendi que mesmo que eu pudesse, e com razão, atribuir à sociedade e à cultura a responsabilidade parcial desses juízos, a minha própria mente participava da conspiração, convencendo-se de que precisa persistir nessa espécie de discriminação para manter as coisas nos seus devidos lugares num mundo racional.

A primeira vez em que ouvi falar do zen, imaginei um mundo exótico, distante do ambiente barulhento do dia-a-dia, oculto em templos obscurecidos pelo incenso, pela fumaça e pelo misticismo oriental. A minha fantasia evaporou logo depois de eu começar a praticar o zen, pois percebi que as suas virtudes fundamentais não ficam restritas a misteriosas salas de meditação, mas se expressam em todo lugar, em cada atividade comum. Descobri que abraçar emocional e intelectualmente o zen era apenas um modesto primeiro passo rumo à compreensão da verdade da minha vida. Aprendi que a verdadeira prática do zen é fundamental, e que o zen não se limita a se sentar numa almofada para meditar, a ler livros budistas, a freqüentar palestras e a participar ocasionalmente de retiros de meditação. Passei a perceber que os versos breves e modestos do leigo P'ang, e a santidade que eles exprimem, revelam vividamente a espiritualidade do cotidiano.

Não me interessei quando a minha amiga Cate — empresária, ex-executiva da área publicitária, budista tibetana — sugeriu que eu escrevesse sobre a minha "carreira dupla" de sacerdote zen e profissional da área técnica de uma grande empresa. O meu único interesse era possibilitar que os outros estudassem o budismo e o zen; a minha tarefa era ajudar a viabilizar um ambiente acessível e conveniente para a prática. Eu mesmo tive essa oportunidade muitos anos atrás, quando encontrei por acaso um centro de meditação suburbano. Tudo o que descobri desde então veio por intermédio da prática do zen, não de livros sobre o tema. O meu principal interesse, disse eu à Cate, era cuidar do nosso centro de meditação e ajudá-lo a continuar vivo.

Mas ela insistiu. Eis o seu argumento: "Quando você começou a sua prática em meados dos anos 60, havia apenas algumas centenas de alunos do zen, principalmente em San Francisco, Nova York e Los Angeles. Hoje existem milhares espalhados pelo país. Naquela época, a maioria das pessoas encarava o zen como parte da contracultura. Era uma espécie de idéia romântica. As coisas mudaram. A prática do zen já não é mais marginal. Hoje os seguidores do zen têm carreira profissional e família. Todos se debatem com o mesmo problema que você: como expressar a prática espiritual no dia-a-dia?

"Você já vem trabalhando nisso há mais de 25 anos. Você continuou plenamente ativo no competitivo mundo dos negócios enquanto

PREFÁCIO

se envolvia cada vez mais na prática do zen. Será que outra pessoa fez o que você fez? Por acaso a IBM tem outros sacerdotes zen? Você conhece algum outro gerente de grande empresa que tenha passado meses em mosteiros e depois voltado para o trabalho? Você deveria dividir essa sua experiência com os outros que estão buscando, como você mesmo buscou. Você não quer incentivar as pessoas a praticar? Pois a sua história certamente vai incentivá-las."

O entusiasmo, o raciocínio dela eram convincentes. Mas eu relutava em escrever um livro que talvez fosse encarado como um manual de auto-ajuda, um conjunto de instruções para "usar" o zen, como se fosse mais um dos muitos produtos de alta tecnologia que cada vez mais incorporamos à nossa vida. Argumentei que a espiritualidade não pode ser explicada, porque não é uma "coisa" a ser usada. Porém, algumas semanas depois um acontecimento acabou me fazendo mudar de idéia.

Recebi a ligação de uma mulher que queria falar sobre meditação. Parecia frustrada.

— Meditação não funciona — disse ela. — Já li dez livros sobre meditação e não acontece nada.

— Mas você já experimentou praticar a meditação? — perguntei.

— Não, ainda não.

— Por que não?

— Parece ridículo; é um negócio constrangedor.

— Você se sente inibida?

— É, é isso.

Expliquei que os livros sobre meditação seriam de muito pouca valia para ela, a menos que começasse realmente a praticar. Incentivei-a a tentar meditar, começando de uma maneira bem modesta, na privacidade da própria casa. Ofereci-me para ajudá-la a dar o primeiro passo.

O caso ilustra que, para aprender qualquer coisa na vida, não existe substituto à altura da prática; temos de avançar apesar da estranheza do assunto, por mais que pretendamos proteger a nossa imagem. Nunca mais ouvi falar dessa mulher. Não sei se teve coragem suficiente para dar o primeiro passo.

Esse episódio, reforçado pela persistência de Cate, me ajudou a perceber que a geração mais antiga tem a responsabilidade de incentivar a próxima da maneira que puder. Contar as nossas histórias é uma dessas maneiras. Trinta anos se passaram desde que comecei a prática do zen. Fiz parte daquela primeira geração que acolheu com entusiasmo os ensinamentos e os mestres das tradições asiáticas budistas de meditação. Hoje uma nova geração está explorando as práticas do Japão, da China, do Tibete, da Coréia e do Sudeste Asiático, aprendendo a adaptá-las às tradições e à cultura do seu país.

Então reuni lembranças das minhas inclinações espirituais, das minhas aventuras na investigação da prática do zen e das dúvidas, descobertas e reflexões que brotaram do meu esforço de continuar a praticar nas atividades do dia-a-dia. Algumas me empolgaram, me fizeram rir, me deram alegria; outras provocaram um despertar abrupto, às vezes doloroso. Todas foram grandes oportunidades de descobrir algo mais. Eis aqui essas lembranças, como uma história que se passa de uma geração à seguinte.

Este livro não é somente sobre zen e trabalho. É sobre a expressão da prática espiritual em vários níveis: na vida íntima da pessoa, no local de trabalho e em todo o espectro da vida cotidiana. Não pretende apresentar técnicas específicas para a solução de problemas no trabalho ou em qualquer outro lugar. Livro nenhum pode fazer isso, porque não é essa a tarefa da prática espiritual. A prática nos prepara para reagir de um modo confiante e solidário a tudo o que a vida nos traz, sem criar dificuldades adicionais ou sofrimentos desnecessários. Embora as experiências do passado naturalmente nos guiem, não existem na vida duas situações exatamente iguais. Cada qual tem de ser vista com um novo olhar, para que não nos aferremos cegamente a palavras ou atos que deram certo no passado, mas talvez não sejam adequados às circunstâncias do presente.

Existem algumas diferenças entre as várias práticas contemplativas do budismo, mas essencialmente todas elas enfatizam a atenção, o ato de permanecer atento à realidade do que acontece no presente. O tema comum é: "Não se preocupe demais com o que você fará quando a dificuldade surgir. Dê continuidade à prática desapegada e você naturalmente saberá agir quando a hora chegar". Isso não significa que elas defendam o completo abandono de métodos comprovados e de tecnologias apropriadas para a solução dos problemas. Significa apenas que a atitude fundamental ou visão de mundo resultante da prática espiritual deve preceder o uso de técnicas de solução de problemas.

Introdução

Em 1961, um jovem engenheiro recém-contratado pela IBM, então no seu apogeu, foi a uma festa na casa de uma amiga. Pesquisando as estantes da dona da casa, achou um livro que iria mudar a sua vida e, portanto, a vida de muitos outros nos 25 anos seguintes. O homem era Les Kaye; o livro, *The Way of Zen*, de Alan Watts.

Não sei o que mais o impressionou, mas as palavras elegantes e ponderadas de Alan Watts devem ter penetrado o seu coração e a sua mente de um modo profundo e familiar, aquilo que os estudantes do zen muitas vezes descrevem como um sentimento de "volta para casa". Pouco depois, Les entrou no recém-fundado San Francisco Zen Center, encontrando o seu primeiro professor, o mestre zen Shunryu Suzuki, conhecido como "roshi". Les ficou profundamente impressionado com Suzuki-roshi e os seus ensinamentos, e dali a cinco anos era um monge zen, praticando com um pequeno grupo em Los Altos, Califórnia, onde Suzuki-roshi ia ensinar uma vez por semana. Ora, isso talvez não pareça tão esquisito se levarmos em conta a época. Muita gente da região de San Francisco fazia algumas coisas incrivelmente exóticas nos anos 60 e no início dos 70; a prática do zen era apenas um dos itens do cardápio. Não era nada incomum que jovens descalços, pés sujos e olheiras que sugeriam um estado ligeiramente drogado aparecessem na porta de Suzuki-roshi querendo saber sobre essa "coisa de zen". Mas imagine, se puder, um gerente bem-vestido da IBM sentado no meio de toda essa loucura, alguém que continuou a levar uma vida normal em casa, a dirigir o carro todo dia para o trabalho, labutando das nove da manhã às cinco da tarde — isso sim era esquisito.

Enquanto muitos estudantes do zen deixam as grandes empresas e os seus estilos de vida convencionais para mergulhar na meditação, Les continuou a honrar os compromissos que havia firmado antes de descobrir a prática: criar e sustentar os filhos e a família, e participar da sociedade. Em vez de separar a sua vida espiritual da vida cotidiana, normal, ele trabalhou diligentemente para encontrar o espiritual *no* cotidiano, para encontrar a prática do zen em tudo o que estivesse diante dele. Alguns estudantes do zen ridicularizavam Les por "dar para trás", por continuar a trabalhar numa grande empresa, e insistiam que isso provava que ele não levava a prática do zen realmente a sério. Analisando hoje, porém, parece que Les escolheu um caminho válido, conquanto difícil, caminho que muitos dos seus colegas trilham hoje, mas que ele trilhou sozinho durante anos.

Hoje, com trinta anos de prática e experiência, ele finalmente escreveu sobre a sua vivência em *Zen no Trabalho*. Muitas pessoas talvez se surpreendam ao encontrar essas duas palavras no mesmo título; o que poderia uma prática espiritual ter a ver com algo tão profano e prático quanto o trabalho? Mas é exatamente esse o argumento de Les: o zen é algo absolutamente prosaico, e deve ser encontrado e praticado no trabalho e nas atividades do dia-a-dia. Fazer café, escovar os dentes, dirigir pela estrada, trocar a fralda do neném — a lista de oportunidades cotidianas para a prática é infinita e encantadora, desde que não tentemos fazer alguma distinção entre atividades sagradas e profanas, ou entre o que nos agrada e o que não nos agrada. Em *Zen no Trabalho*, Les apresenta a sua própria experiência como prova de que essa espécie de distinção só existe na nossa mente limitada, que a verdade da vida reside na sua inerente continuidade, na qual o trabalho, a diversão e a prática espiritual são fios de uma única tapeçaria.

Incentivado por Suzuki-roshi, Les praticava meditação zen e continuava a trabalhar na IBM. Ao resolver praticar o zen mesmo fazendo parte de uma grande empresa, Les descobriu por si mesmo por que no Caminho Óctuplo do fundamento do budismo o Meio de Vida Correto e a Meditação Correta têm o mesmo peso e a mesma importância. As funções espirituais do Meio de Vida Correto — utilizar e desenvolver as capacidades pessoais, praticar o abandono do ego ao unir-se aos outros nas tarefas comuns, e aprimorar o caráter — não se manifestam freqüentemente na sociedade ocidental, na qual o trabalho é geralmente encarado como uma espécie de "mal necessário" que precisa ser cumprido para que as pessoas alcancem o luxo do lazer ou a prática espiritual. A visão budista, pelo contrário, prega que trabalho e lazer não passam de dois lados da mesma moeda, e que a moeda em si é a expressão total da vida espiritual.

Les vivenciou essa verdade mergulhando na "prática do trabalho" na IBM, enquanto prosseguia meditando diariamente. As horas gastas

INTRODUÇÃO

23

sobre a almofada na clarificação da compreensão, no desenvolvimento da equanimidade, na experiência da interligação fundamental de todos os seres eram testadas e aprimoradas diariamente atrás de uma mesa, com tudo e todos que estivessem diante dele, num lugar onde poucos outros sustentavam o mesmo ponto de vista.

Com a experiência do zen e a prática profissional que adquiriu, Les fundou e sustentou o Kannon Do Zen Center, em Mountain View, Califórnia. Sem acomodação para residentes e oferecendo horários flexíveis de meditação diária num local de fácil acesso, o Kannon Do permite que os alunos participem da prática conforme permitam as suas responsabilidades diárias. Ao mesmo tempo, Les encoraja veementemente os alunos a encontrar a prática em meio aos compromissos familiares e profissionais. O Kannon Do Zen Center funciona hoje como um santuário, onde a vida comum é tida como o próprio cerne da prática do zen e onde se acredita possível praticar a atenção e a compaixão onde quer que estejamos. Les, como mestre desse santuário, serve como exemplo de que essa vida é possível.

No seu livro *Zen Mind, Beginner's Mind*, Suzuki-roshi disse:

Aqui nos Estados Unidos não podemos definir os zen-budistas como fazemos no Japão. Os estudantes americanos não são sacerdotes, mas também não são totalmente leigos. Eu enxergo as coisas assim: o fato de vocês não serem sacerdotes é fácil de compreender, mas o fato de não serem totalmente leigos é mais difícil. Acho que vocês são pessoas especiais, que querem alguma prática especial que não é exatamente a prática do sacerdote, nem exatamente a prática do leigo. Vocês buscam descobrir algum modo conveniente de vida. Acho que esse modo é a nossa comunidade zen, o nosso grupo.[1]

Na opinião de Suzuki-roshi, para que a prática do zen criasse raízes nos EUA, teria de se adaptar à cultura americana, e ele incentivava os seus alunos, inclusive Les, a encontrar esse "modo conveniente de vida". Ele teve muitos bons alunos, e embora tenha morrido há mais de vinte anos, esses alunos mantiveram viva e próspera a prática do zen, cada qual a seu modo. A maioria deles decidiu praticar nos vários centros zen que acolhem residentes na região da baía de San Francisco, e esses centros continuam a funcionar como fonte de vida e sustentação para toda a comunidade zen americana. Mas algum dia, daqui a cinqüenta ou 75 anos, quando a prática do zen tiver penetrado totalmente nos nossos ossos, talvez as contribuições de um estudante do zen, Les Kaye, venham então a ser devidamente reconhecidas. A sua sincera dedicação pelo ideal de inserir a prática do zen no dia-a-dia de pessoas comuns certamente entrará para os anais do zen como algo nada menos que revolucionário. Esse é o melhor presente que ele poderia ter dado ao seu mestre — e aos seus alunos.

MISHA MERRILL
Woodside, Califórnia

A busca: uma parábola

Era uma vez uma moça que cuidava da floresta e dos vales da sua terra natal. Ela adorava todas as coisas vivas e continuamente cuidava do seu bem-estar. A sua maior alegria era trabalhar com elas, ajudá-las em tudo o que pudesse.

Quando ramos ou galhos mortos caíam nos riachos, ela os tirava da água para que a corrente continuasse a fluir, e os peixes achassem passagem. Podava a copa das árvores mais altas para que a luz pudesse tocar o solo da floresta. Nos pontos em que os ventos e a chuva provocavam erosão, ela plantava vegetação nova para evitar enchentes. Quando o capim alto secava nas estiagens de verão, ela cortava os talos para reduzir o risco de incêndio. E quando algum animal estava doente ou ferido, ela cuidava das feridas e lhe dava abrigo.

Certo dia a moça viu um príncipe descansando num prado. Ele estava deitado numa colcha macia, bordada com as cores do arco-íris. As suas roupas eram da seda mais fina. O sol reluzia nas esplêndidas jóias que ornavam o seu corpo forte e jovem. Espalhadas diante dele viam-se frutas de muitas variedades, castanhas e gostosas tortas. Os sentidos da moça se embriagavam da cor rubi do vinho na taça de cristal. Pensou consigo que era a coisa mais bela que já vira na vida.

O príncipe viu que a moça o observava. Convidou-a a ficar ali com ele. Ela ficou fascinada com a riqueza das jóias, empolgada com os sabores doces e picantes da comida. Adorou perdidamente a maciez da colcha do príncipe.

— Como foi que você conseguiu essas riquezas todas? — perguntou ela.

— Você também pode tê-las — ele respondeu.

— Mas como? Nunca vi coisas como essas na floresta e nos vales daqui.

— Posso dividi-las com você. Mas primeiro você tem de me dar algo também.

— O quê? — quis saber a moça, empolgada. — Faço qualquer coisa para ter essas riquezas maravilhosas.

— Você precisa pegar para mim a coroa de ouro do castelo que fica lá na extremidade mais remota do mundo, além do mar, da montanha e da selva. E precisa trazer para mim a cabeça do dragão que vaga pelo oceano, as asas da águia que voa sobre a montanha e a pele do leão que rege a selva. Se você me trouxer essas coisas dentro de um ano, nós nos casaremos e eu darei a você tudo o que é meu.

— Mas como é que eu posso fazer isso? — perguntou. — Nada sei dos caminhos do mundo.

O príncipe lhe deu uma lança mágica para matar o dragão, uma rede para capturar a águia e uma espada para abater o leão.

Então, muitíssimo empolgada, partiu para a sua aventura, decidida a trazer a coroa de ouro para partilhar das riquezas do mundo. Cruzou o oceano e matou o dragão com a lança mágica, guardando a cabeça do monstro para levar ao príncipe. Escalou a montanha e capturou a águia com a rede, guardando as asas do pássaro. E penetrou na selva, onde matou o leão com a espada, tomando a sua pele para o príncipe.

Chegando perto da extremidade do mundo, viu-se numa planície aberta e vasta. Não havia montanhas, oceanos, selvas, florestas, prados, vales. No horizonte, ela podia avistar o castelo lá na extremidade do mundo. Entusiasmada, continuou a viagem. Mas por mais rápido que ela caminhasse, por mais que aumentasse o percurso de cada dia, não se aproximava do castelo. Dia após dia, o castelo permanecia lá no horizonte remoto.

Caminhando, notou que a planície se transformou num deserto. O cansaço tomou conta do seu corpo, enfraquecendo e adoentando o seu coração. A cabeça do dragão, as asas da águia e a pele do leão ficavam mais pesados a cada passo. Mas ela continuava a perseguir o castelo que ficava lá na extremidade mais remota do mundo.

Por fim a moça chegou a um oásis. Exausta, adormeceu à sombra das árvores, ao lado das águas frescas e límpidas da lagoa. Foi desperta-da por um anão corcunda e zarolho que, sentado ali perto dela, a obser-vava.

A princípio a moça ficou assustada. Mas o olhar do anão era tão radiante e o seu sorriso tão natural, que ela deixou de lado o medo e abriu o coração. Contou ao anão a sua história e ficou sabendo que ele era o zelador do oásis. Aproximando-se dela, o homenzinho pediu que a moça olhasse para as águas claras da lagoa.

— O que você vê? — perguntou ele.

Para surpresa dela, viu nas águas da lagoa o príncipe com a sua beleza, as suas riquezas, as suas comodidades. Viu todas as coisas que queria, motivos da sua longa e difícil jornada. Então uma brisa súbita agitou as águas, embaciando a visão. O anão lhe disse:

— Agora ponha as mãos na água.

Ao fazê-lo, a água novamente ficou clara. Então viu o dragão, a águia e o leão. Vendo as criaturas que havia matado na busca pela coroa, a moça sentiu remorso e vergonha. Novamente a brisa turvou a água. Quando clareou outra vez, ela viu a sua terra natal. Mas os riachos estavam estagnados; não havia mais peixes, pássaros ou animais. A floresta estava sombria e silenciosa.

A moça chorou a morte da sua terra natal, as lágrimas vermelhas como sangue. Caindo na lagoa, as lágrimas mudaram novamente a visão.

Agora via os riachos da floresta novamente fluindo, com abundância de plantas, árvores, peixes, pássaros e animais. E se viu usando a coroa de ouro. A moça atirou a lança, a rede e a espada na lagoa. Ao fazê-lo, ressurgiram o dragão, a águia e o leão, voltando ao oceano, à montanha, à selva.

Tirando os olhos da lagoa, viu que o anão e o oásis haviam sumido. Estava de volta à floresta, cercada pela beleza e pelos seres que amava. Sentiu a riqueza e a comodidade da própria vida.

* * *

Essa parábola de jornada e volta para casa retrata a facilidade com que nos desviamos da vida harmoniosa no nosso mundo natural. Fala da doença e do sofrimento resultantes da busca insensata dos desejos. Na parábola, a moça deixa a liberdade e a unidade ilimitadas — a comunidade — da sua terra natal. Seduzida pela promessa de prazeres sensuais, ela se aparta de tudo o que conhece, abandonando a responsabilidade de cuidar dos seres da floresta. Ao tomar os instrumentos da tecnologia, a imediatez da sua bondade amorosa é substituída pelas visões de conquista e prazer.

Como a moça da história, nós esquecemos a meta da atividade da nossa vida. Passamos a crer que o nosso trabalho diário é algo que temos de fazer para agradar aos outros, para conquistar então riqueza, comodidade, prestígio e beleza. Achamos que o trabalho deve necessariamente nos afastar de nós mesmos, que ele exige que vençamos tudo o que obstrua o nosso caminho. Assim competimos e lutamos com o que encontramos, e carregamos conosco os nossos suvenires para ostentar as nossas realizações. Somos facilmente iludidos pela empolgação do que cremos que vamos alcançar com as nossas batalhas diárias.

Mas a nossa meta remota jamais é atingida. Descobrimos que, na verdade, era tudo ilusão e que vagueamos sós para dentro de um deserto. Somos esmagados pela doença espiritual e pela saudade de casa. Desesperados, despertamos para encarar a verdade daquilo que estivemos fazendo com a nossa vida. Embora essa verdade pareça horrível e assustadora, acabamos reconhecendo a ilusão da nossa busca pela riqueza, pois passamos a confiar nessa verdade, abrimos o nosso coração a ela. Enfrentando o lado assustador de nós mesmos, vemos a nossa natureza inerentemente pura.

Quando compreendemos erradamente a vida, quando esquecemos o que deveríamos fazer da nossa vida, somos desviados pelo desejo de riquezas e comodidades. Pensando que precisamos vencer monstros que obstroem o nosso caminho, usamos a mágica das conveniências e das tecnologias modernas para matar a vida ao invés de nutri-la. Carregamos conosco os cadáveres daquilo que destruímos até que finalmente nos vemos perdidos e fracos. Na parábola, a moça viu, pelas suas lágrimas, o que corria no seu sangue. O seu verdadeiro trabalho era cuidar da vida, e não correr atrás de uma coroa de ouro para elevar a majestade de outra pessoa. O erro dela — o nosso erro — é nos deixarmos mesmerizar pela "majestade" de outra pessoa, negando a nossa.

A vida espiritual em ação no mundo moderno abarca as nossas atividades profanas, maravilhosas. Inclui tratar todos os que encontramos — patrões, colegas de trabalho — e tudo o que fazemos — tarefas rotineiras e também grandes projetos — como respeitados hóspedes. Ponderando cuidadosamente as conseqüências de cada um dos nossos atos, realizando cada atividade com respeito, como a oferta de uma dádiva, não deixamos rastro nem ganhamos cicatrizes.

A prática espiritual é o nosso oásis. Permite que voltemos para casa, que nos renovemos, que mantenhamos aberto o nosso coração. A prática nos possibilita compreender que já somos ricos, que já usamos a coroa. Quando abrimos mão de lutar por mais riquezas e por emoções mais fortes, dedicando a nossa vida a cuidar de toda a vida, então a vida se renova a si mesma.

capítulo 1

Carreira dupla

Quando me perguntam onde eu aprendi a praticar o zen, gosto de responder: "na IBM". Gosto de ver a cara de surpresa das pessoas que esperam que eu narre longos meses de silenciosa meditação em templos japoneses ou em mosteiros no alto de montanhas enevoadas. A minha resposta parece ser de brincadeira. Mas na verdade é séria, e muito. O ambiente de trabalho das grandes empresas, com o seu *stress*, a sua agressividade, a sua burocracia, pode não parecer um local propício para descobrir o significado da prática espiritual. Porém, quando comecei a prática do zen, a IBM era o meu local de trabalho, onde eu passava a maior parte da minha vida, onde eu despendia o maior quinhão da minha energia criadora. Instintivamente eu sabia que tinha de me esforçar por aprender a "carregar água e cortar lenha" nas complexas atividades do mundo moderno. Assim a grande empresa de alta tecnologia se transformou no meu "mosteiro", onde eu investigava uma questão cada vez mais instigante nos Estados Unidos do final do século XX: como expressar a prática espiritual no dia-a-dia?

Fui trabalhar na IBM em San Jose em 1956, poucas semanas depois de me formar engenheiro pela Cornell University. A empresa inaugurara havia pouco tempo uma grande indústria no extremo sul da cidade. No enorme chão de fábrica, engenheiros e técnicos montavam e testavam freneticamente o RAMAC, um equipamento revolucionário de armazenamento de dados em disco magnético. RAMAC, sigla inglesa de Método Aleatório de Acesso para Controle e Cálculo, era o nome de uma das primeiras invenções revolucionárias de alta tecnologia a surgir no vale de Santa Clara, na Califórnia. O RAMAC possibilitou que os computadores armazenassem e recuperassem rapidamente grandes volumes de informação, criando uma indústria totalmente nova chamada DASD, sigla inglesa de "aparelhos de armazenamento com acesso direto". O RAMAC foi o precursor dos discos rígidos e disquetes dos microcomputadores atuais.

O ambiente nessa nova fábrica da IBM era o de uma empresa recém-criada, e não o de uma grande corporação já quadragenária. As ansiosas expectativas em relação ao produto inovador eram quase palpáveis. Eu podia sentir o frescor da empolgação no ar. As perspectivas profissionais pareciam ilimitadas.

Em meados dos anos 50, os engenheiros recém-formados tinham o privilégio de escolher os melhores empregos. As empresas ofereciam salários iniciais sedutores e incentivos atraentes. Não escolhi a IBM por razões financeiras; a indústria aeronáutica de Los Angeles, por exemplo, pagava muito melhor. E empresas pequenas ofereciam mais liberdade. Mas a IBM tinha determinadas qualidades que eu admirava, inclusive a sua reputação de uma administração de alto nível, de liderança técnica e de excelente serviço ao consumidor. Era também famosa pela firme lealdade e dedicação aos seus empregados. Pensei que era o local perfeito para começar a carreira: San José ficava a apenas uma hora de carro de San Francisco.

A Califórnia oferecia a "boa vida". A gasolina custava ainda um dólar por litro. Por 25 mil dólares você podia comprar uma casa espaçosa, tipo casa de campo, num bairro tranqüilo, numa região de clima incrivelmente agradável. O vale de Santa Clara — linda região agrícola, conhecida como capital mundial da ameixa seca — era um ambiente novo para a conservadora IBM, cuja imagem até então estava associada a fábricas acanhadas em cidades pequenas do norte do estado de Nova York; a vendedores de camisa branca e terno azul; e aos cada vez mais onipresentes cartões perfurados. Mas a mudança estava no ar. A primeira grande rodovia interestadual estava em construção, e a exploração do espaço, prestes a começar. Era o início da Era da Informação; o "Vale da Alegria do Coração" logo se transformaria no "Vale do Silício".

Prevendo essa boa vida, eu e um colega de turma viajamos do norte de Nova York até a Califórnia, com breves paradas na cidade de Nova York e em Las Vegas. Alugamos um apartamento não muito longe do centro de San José. Como inúmeros outros rapazes da época, eu havia me inscrito na Unidade de Treinamento de Oficiais da Reserva durante a faculdade. As ordens militares eram dadas no dia da formatura. Foi então que fiquei sabendo que deveria começar os meus dois anos de serviço militar apenas um mês depois da data prevista para o início do meu trabalho na IBM! No primeiro dia de trabalho, expliquei a minha situação. Não foi problema, pois já se sabia que eu tiraria licença para servir as Forças Armadas. Esse tipo de acordo entre as indústrias e os jovens recém-formados era razoavelmente comum durante a "guerra fria", especialmente poucos anos após o conflito na Coréia.

Nossa primeira atribuição na IBM, ao lado de outros vinte e poucos engenheiros e técnicos de vários níveis de experiência, era testar os novos RAMACs ao final da produção. Era um verdadeiro desafio, que exigia intenso treinamento técnico. Passamos as primeiras três semanas da nossa carreira profissional numa sala de aula longe da fábrica principal, na avenida Notre Dame, 99, no centro de San Jose, um edifício industrial sem características definidas alugado pela IBM. Foi ali que os experientes engenheiros da IBM de Endicott, Nova York, juntamente com recém-formados de faculdades da região, haviam dado início à história da alta tecnologia com o desenvolvimento do RAMAC no início dos anos 50. Até as oito da noite, diariamente, estudávamos a força vital do RAMAC, que era alimentado por centenas de diodos e triodos. Não só tínhamos de aprender a operar o sistema e a consertar os defeitos: precisávamos aprender também a tecnologia nova e revolucionária da gravação em disco magnético.

Quando a aula terminava, voltávamos para a fábrica para testar essas máquinas sofisticadas, que pulsavam com uma vida eletromecânica que mais parecia uma forma de vida inteligente saída dos livros de ficção científica. Fui designado para uma equipe formada de técnicos experientes, cuja função era identificar e resolver problemas. O ritmo de trabalho era intenso em meio ao constante e veloz zumbido do grande drive de disco, o ligeiro vaivém do braço mecânico que movia a cabeça magnética até a sua posição sobre os rodopiantes discos revestidos de camada magnética, os ventiladores corajosamente tentando sugar para fora o calor gerado pela grande concentração de incandescentes tubos de vácuo e seus circuitos elétricos correspondentes.

Eu não conseguia acompanhar o ritmo dos técnicos mais experientes. As suas mãos e os seus olhos sabiam intuitivamente onde estava o componente defeituoso ou a solda fria que estava provocando o problema. Lembro-me de um engenheiro que sempre parecia saber exatamente que tubo tocar com o lápis para "consertar" o defeito! Raramente algum deles precisava consultar os diagramas dos circuitos que eu estudara no número 99 da Notre Dame. Mas é por aí que eu tinha de começar quando ia procurar algum defeito. Eu era lento demais para servir para alguma coisa; o melhor que eu podia fazer era ajudar sempre que me pediam para fazer algo, aprender o máximo possível observando e não atrapalhar os outros. A equipe tinha prazos a cumprir e um ritmo próprio; não havia disposição nem tempo para ensinar o novo contratado, que de qualquer modo já sairia dali a uma semana.

Pela primeira vez, estava por minha conta e risco numa situação incerta e confusa do "mundo real". Acabara de me formar numa respeitada escola de engenharia, mas me sentia incompetente no meu primeiro emprego. A experiência dos estágios não ajudava. Fiquei abatido, me sentindo inútil, incapaz de contribuir. Foi um alívio quando chegou a hora de servir o exército.

Voltando ao trabalho dois anos depois, recebi o cargo de engenheiro de projetos no laboratório de desenvolvimento de produtos da IBM. Foi totalmente diferente do curto tempo que passei testando os RAMACs. Fui colocado numa equipe de projeto com outros dois engenheiros veteranos. Lacônico, tranqüilo, Vern gostava de usar os óculos na ponta do nariz. Raramente tirava o paletó, mesmo quando estava projetando circuitos na mesa de trabalho ou testando-os na bagunça do laboratório. Era um gênio na tarefa de fazer funcionar os transistores. Art era engenheiro mecânico e o líder da equipe: um nova-iorquino dedicado, afável, sério, mas brincalhão. Ao contrário de Vern, Art trazia sempre o nó da gravata frouxo e as mangas arregaçadas. Era a pessoa mais pragmática que eu já conhecera, insistindo em explicações racionais para tudo o que tivesse a ver com o projeto. Com Art aprendi a importância de examinar suposições, de distingui-las daquilo que eu realmente sabia ser verdadeiro, e de verificar cada suposição via experimento ou experiência. "A intuição é um bom ponto de partida", me dizia ele, "mas não negligencie nada. Vá buscar a verdade lá no fundo." Era um bom mestre, e eu um ávido aprendiz.

O trabalho da nossa pequena equipe era desenvolver para a IBM a tecnologia de manipulação de um cartão perfurado radicalmente novo. Reduzindo em 80% o tamanho tradicional do furo, o projeto inovador triplicava a capacidade de armazenamento do cartão. A minha responsabilidade era criar um método fotossensível de detectar esses mínimos orifícios, que o antigo método eletromecânico não conseguia "ler" com eficiência.

O projeto foi a maior alegria que eu já tive no trabalho. Não só nos divertimos juntos, mas fomos um imenso êxito tecnológico. Durante os seus três anos, o nosso trabalho atraiu a atenção da administração local da fábrica e da empresa como um todo. O pessoal do *marketing* ficou satisfeito. Estávamos dando uma grande contribuição para a tecnologia e, em última análise, para o incremento da produtividade empresarial. Por isso fiquei chocado na manhã em que o nosso gerente anunciou que o projeto fora cancelado.

Não pude acreditar naquilo. A nossa equipe vinha fazendo tudo direitinho; estávamos fadados ao sucesso. Mas deixamos de alcançar o "sucesso" previsto porque algo mudou. Passei semanas sem entender o que havia acontecido: só nos diziam que era uma "decisão mercadológica". Abatido, finalmente compreendi que vínhamos trabalhando numa tecnologia antiga! O que mudara fora a estratégia de produtos da IBM. A crescente percepção de que os computadores eram o meio do futuro tornou inviável o investimento na criação de uma nova linha de equipamentos de cartões perfurados, por mais inovadores que fossem.

Foi a minha primeira lição no axioma mais fundamental do universo: alguém, em algum lugar, está sempre operando alguma mudança, de um modo que foge ao meu controle. Foi imensa a minha decepção. "Que perda de tempo. Como foi que deixaram isso acontecer?", eu me perguntava incansavelmente. A decepção fora gerada em grande parte pelo meu próprio ego. Fiquei irritado porque o sucesso que parecia tão próximo e merecido me havia escorrido por entre os dedos. Porém o remédio da decepção não foi tão terrivelmente amargo afinal. Não havia ameaça para o emprego, a carreira ou a vida de ninguém. O projeto fora uma grande aventura, eu havia adquirido uma boa experiência e estabelecido a reputação de um engenheiro competente. Havia ganhado muito sem nada perder. Na realidade, não havia motivo para decepção.

Por essa época me sentia cada vez mais atraído pela dimensão humana do trabalho e do local de trabalho. Reparei que eu me entusiasmava mais quando trabalhava com pessoas do que com a tecnologia. Ficava fascinado pelo impacto criativo da comunicação e do intercâmbio de informações. Decidi investir nesse meu crescente interesse no negócio como um todo, como uma comunidade orgânica de pessoas, e comecei a fazer um mestrado em administração de negócios, curso noturno oferecido pela Santa Clara University.

Os meus gerentes apoiaram essa minha nova orientação, e me deram a oportunidade de entrar num grupo de pesquisa de mercado. Para que eu adquirisse experiência no "mundo real" do *marketing*, me deram um cargo especial durante dois anos no escritório de vendas da IBM no centro de San Jose. Depois de dezoito semanas, tive uma agradável surpresa: ofereceram-me o cargo de gerente de um departamento de análise de sistemas no laboratório de desenvolvimento de produtos da fábrica. Concluí o meu mestrado, e aos 30 anos eu me via bem satisfeito com o rumo que a minha carreira tomara. Mas a minha postura diante do trabalho e da vida mudava, de uma maneira inconsciente. A base dessa mudança fora lançada muitos anos antes.

Quando eu era bem jovem ainda, a minha consciência espiritual se limitava a um nebuloso senso da presença de "algo maior" do que eu e do que a minha vida. Nos anos de primário, até tentei descobrir esse algo esquivo. Estava convencido de que esse "isso" era a fonte primordial da vida e de tudo o que existia no mundo. Esperava pôr fim à minha confusão espiritual compreendendo essa "fonte" e esclarecendo o significado da minha vida. O meu método para tentar compreender essa essência fundamental era examinar intelectualmente todas as razões que eu podia conceber para a existência do universo, tentando imaginar o que havia "existido" antes do surgimento do universo.

O pensamento analítico só gerava mais confusão. Por um lado, se nada havia antes da criação, pensava eu, como é que o "algo" do universo veio do "nada"? Por outro lado, se havia algo antes da criação do mundo, deve ter sempre existido, sem início. Mas como é que esse "algo" poderia não ter um ponto de partida, um primeiro momento? Eu me perturbava com essas dúvidas, incapaz de imaginar a intemporalidade que acompanhava a idéia da "ausência de início". Menino que era ainda, eu vivia preocupado com essas tentativas de explicar racionalmente o mundo. Era incapaz de admitir ou aceitar a limitação da minha mente lógica, a sua incapacidade de compreender a natureza da vida além dos conceitos dos objetos sólidos e do tempo linear.

Mas essas tênues inclinações espirituais não tiveram vida longa em mim. Descartei-as como fantasias infantis. Achava que não passavam de sentimentos "esquisitos" que era melhor guardar comigo. Porém muitos anos depois, já adulto, chorei espontaneamente quando vi reproduções das pinturas rupestres de Lascaux, na região central da França, datadas de vinte mil anos. Não soube como explicar as lágrimas — não sentia tristeza, nem nenhuma outra emoção. A vívida lembrança daquele momento ficou em mim durante meses, e fui tomando consciência da origem do sentimento despertado por aqueles desenhos de bois e cavalos selvagens pré-históricos. Era a alegria da identificação, como a descoberta da família há muito tempo perdida. A vividez dessa experiência, dessa ligação, confirmou que eu fazia parte de algo que transcendia as idéias de espaço e tempo.

No meu último ano da faculdade, tive a oportunidade de fazer algumas disciplinas não ligadas à engenharia. Envolvido fundamente com as ciências físicas havia tanto tempo, descobri o fascínio pelo mundo não analítico, intuitivo e passional da literatura. Fiquei surpreso com esse entusiasmo. Em especial, fascinaram-me as tragédias gregas, particularmente o mito de Prometeu. Nessa lenda, Prometeu se apieda da tosca raça humana e lhe dá a dádiva do fogo. Esse seu ato de coragem enfurece Zeus, que o acorrenta a um rochedo, onde uma águia devora a sua carne diariamente. Fiquei encantado com essa idéia do herói que sacrifica a sua liberdade e o seu bem-estar para salvar a humanidade.

Ainda naquele ano, li *The Catcher in the Rye* e fiquei impressionado com a atitude solidária do pretenso herói. Holden Caulfield se imagina um salvador das crianças:

> Seja como for, continuo imaginando toda aquela criançada brincando de um jogo qualquer num grande campo de centeio. Milhares de criancinhas, e ninguém por perto além de mim — nenhum outro adulto, bem entendido. Lá estou eu de pé na beirada de um imenso precipício. E o que devo fazer? tenho de apanhar cada criança que correr na direção do precipício — se estiverem correndo sem olhar para onde vão, tenho de sair de onde estiver para pegá-las. É o que eu faria o dia todo. Seria o apanhador no campo de centeio, sabe? Sei que é loucura, mas é a única coisa que eu realmente gostaria de ser.[1]

A compaixão do herói determinado e altruísta do antigo mito grego não me parecia diferente da do confuso jovem dos anos 50. Prometeu é movido pelos seus sentimentos e voluntariamente aceita o conseqüente sofrimento. Holden é incapaz de agir e só vagamente sente algo que qualifica de "loucura". Mas o senso de compaixão de Holden é real, ainda que não tenha encontrado uma forma de expressão. Ele quer salvar as crianças que correm "sem olhar para onde vão", que brincam sem prestar atenção a nada mais, ajudando-as a reconhecer os perigos de uma vida inconsciente. É uma perfeita metáfora budista das ilusões da humanidade. Não reconheci a imagem do boddhisattva[2] na visão do apanhador de Holden. Porém mais tarde fiquei sabendo que J. D. Salinger havia estudado o Budismo Mahayana e inserido muitos conceitos dele nos seus livros.

No final de semana de Ação de Graças de 1958, poucos meses depois de voltar a San Jose e à vida civil, tomei um vôo para Los Angeles para visitar o meu colega de turma, que havia saído da IBM. Fui quase o último a embarcar no avião. Peguei imediatamente um assento ao lado de Mary, uma morena jovem e esguia. Não pude acreditar que o assento ainda estivesse vazio. Ela era mais que linda. Os olhos faiscavam uma plácida autoconsciência. A boca exprimia bondade, sempre pronta a sorrir. A sua presença impunha confiança e equilíbrio. Disse que trabalhava no Mills Hospital, em San Mateo. Repeti mil vezes mentalmente: "Mills Hospital, San Mateo. Mills Hospital, San Mateo".

Mary também estava viajando para visitar uma amiga. O avião decolou de San Francisco com atraso de duas horas, aterrissando no aeroporto internacional de Los Angeles depois das duas horas da manhã. Naquela hora, o ônibus que levara a amiga dela ao aeroporto já não circulava mais. Eu e meu amigo oferecemos às duas uma carona para casa. Embora sem querer, o nosso caminho para casa foi sinuoso. Distraídos pela empolgação do reencontro de velhos amigos, nos perdemos nalgum ponto entre o aeroporto e Pasadena. Só fomos parar para tomar um café às cinco da manhã, numa confeitaria do bulevar Sunset. Na semana seguinte, eu e Mary saímos juntos pela primeira vez. Casamos em agosto do ano seguinte.

No outono de 1961, num coquetel sexta-feira à noite, achei o livro *The Way of Zen*, de Alan Watts, na estante da dona da casa.[3] Já tinha ouvido falar do zen, mas nunca lera nada sobre o assunto. O livro atraiu a minha atenção; tomei-o emprestado para lê-lo no final de semana. Naquela época, eu e Mary morávamos numa casa de dois quartos dentro de uma fazenda de pereirais de 364 hectares, pouco além do bulevar Skyline, perto de Los Gatos. Os dias de outono eram frios e úmidos. Na manhã de sábado, acendi a lareira e durante boa parte do final de semana mergulhei na descrição fascinante que Watts faz da história e da prática do zen. Fiquei encantado ao descobrir uma dimensão do viver, uma postura diante da vida, que eu não conhecia. Quando fechei o livro, sabia que minha vida convencional, voltada ao conhecimento técnico, estava incompleta; ela somente não podia proporcionar o equilíbrio que eu buscava. A descrição de Watts tinha um quê de autenticidade. Dizia-me que o zen-budismo tinha os elementos faltantes que, de um modo que eu não compreendia, apontavam para a "fonte" que eu buscara anos antes.

Vivíamos o intervalo entre a "geração beat" e a era "hippie". Alan Watts era figura carimbada numa emissora de rádio local. Virei ouvinte assíduo e li quase tudo o que ele escreveu. A extensão do meu interesse pelo zen se limitava a ler e conversar sobre ele. Eu supunha que para mergulhar efetivamente no zen seria necessário morar no Japão vários anos. Para mim, não era uma opção viável. Eu planejava ter filhos e continuar a minha carreira ali mesmo onde vivia.

No outono de 1966, me surpreendi com um artigo do *Chronicle* que descrevia o San Francisco Zen Center; fiquei desconcertado ao descobrir que o zen já vinha sendo praticado havia vários anos bem perto de casa. Algumas semanas mais tarde, depois de uma reunião de trabalho na cidade, localizei o centro zen no bairro conhecido como Japantown.

Esperava um templo silencioso, recôndito, bem ao estilo japonês, mas encontrei um edifício de concreto da virada do século, bem defronte ao trânsito barulhento da rua Bush. A porta da frente, aberta, era guardada por duas placas. Na da esquerda, de pedra, viam-se gravados em hebraico os Dez Mandamentos: o prédio fora originalmente uma sinagoga. Num bloco de madeira do lado direito, havia algo escrito em japonês: o prédio era então a sede da congregação zen-budista nipo-americana.

Entrei no prédio antigo e bolorento. O corredor escuro era só silêncio. O cheiro de incenso se misturava a outro aroma familiar e antigo: canja de galinha. Pelo menos foi o que pensei. Mais tarde descobri que era o cheiro da sopa missô japonesa. Abri a porta e entrei num pequeno gabinete, encontrando um japonês já idoso, chapéu na cabeça, lendo um jornal japonês. Ele nem ergueu os olhos. Pensei: "Será esse o mestre zen?" Do outro lado da sala vi dois rapazes bem altos, carecas reluzentes, operando um mimeógrafo manual.

Perguntei sobre a prática do zen. Um deles falou: "É só sentar". Não tinha a mínima idéia do que ele queria dizer com aquilo. Olhei para o velho que lia o jornal. "Será esse aí o mestre zen?", especulei mentalmente de novo. Expliquei aos dois jovens que morava em San Jose, oitenta quilômetros ao sul de San Francisco. Eles me indicaram um grupo de meditação afiliado mais próximo de casa, em Los Altos, onde o abade do centro de San Francisco, o mestre zen Suzuki-roshi dava palestras e dirigia a meditação toda quarta-feira à noite.[4]

O início de dezembro de 1966 surpreendeu-nos, eu e Mary, no Haiku Zendo, uma sala de meditação adaptada na garagem da casa de Marian Derby. O nome foi tirado dos dezessete espaços permanentes de meditação, mesmo número das sílabas do poema japonês haiku (ou haicai). A sala podia ser arrumada de modo que acomodasse até trinta pessoas, com o uso de almofadas extras dispostas pelo chão. Marian nos deu instruções básicas sobre o zazen, a meditação sentada do zen.

Essa primeira noite foi difícil. A sala de meditação, ou zendo, não era aquecida e estava gelada. As pernas tinham cãibra, as costas doíam. Era difícil entender o que dizia Suzuki-roshi, cujo inglês era ainda rudimentar. Ele falava muito sobre uns tais "pedriacas". Só anos mais tarde descobrimos que ele queria dizer "patriarcas". No caminho de volta para casa, chegamos a uma conclusão: "Nunca mais. É muito sofrimento". Assim mesmo, voltamos na quarta-feira seguinte.

E o que nos levou de volta? Em parte a tranqüila confiança e o suave bom humor de Suzuki-roshi. As suas palavras transmitiam algo fundamentalmente verdadeiro, que eu ainda não entendia bem, e os seus modos expressavam e encorajavam a verdade. Além disso, Marian fazia com que nos sentíssemos em casa. Apesar do desconforto, eu sentia algo sutil na atividade do zazen, que ironicamente não parecia implicar atividade nenhuma, exceto tentar ficar sentado imóvel e calado.

Passamos a fazer o trajeto San Jose-Haiku Zendo duas ou três vezes por semana. A programação da noite de quarta-feira incluía meditação

CARREIRA DUPLA 41

e palestra; depois tomávamos chá e tínhamos a oportunidade de conhecer melhor os outros freqüentadores. Suzuki-roshi e Katagiri-roshi, os dois do San Francisco Zen Center, se revezavam nas palestras de quarta-feira e passavam a noite na casa de Marian.[5] Na manhã de quinta-feira havia meditação, uma palestra curta e um café da manhã informal na sala de jantar.

A programação da manhã de sábado era a oportunidade de vivenciar as formas básicas da prática monástica tradicional do zen. Abarcava dois períodos de zazen, começando já às cinco e meia da manhã; café da manhã na sala de meditação; um período de trabalho; e meditação às nove. Saudar os primeiros raios da aurora em silencioso zazen é ainda hoje para mim uma experiência tranqüila e profunda. Apaixonei-me pelo estilo monástico formal de café da manhã, usando as tradicionais tigelas dos monges zen, conhecidas como *oryooki*.[6] Fiquei tão impressionado com esse modo respeitoso e ritualístico de servir, receber e comer que acabei escrevendo um livreto sobre o fabrico e o uso do oryooki.

O trabalho era simples: escovávamos as almofadas de meditação, tirávamos a poeira dos cantos, lavávamos o chão, limpávamos o altar, varríamos a sujeira e lavávamos a louça. Às vezes ajudávamos Marian a cuidar do jardim. O período de trabalho no sábado era um elemento importante da prática no Haiku Zendo. Não só era uma forma de retribuir a Marian a sua generosidade, mas também um modo de cuidar do lugar onde todos praticávamos. Esse último ponto é algo crucial na prática espiritual: a sua natureza solidária, sempre voltada às outras pessoas. Os outros elementos-chave da prática do zen — o zazen, o estudo e o contato com o mestre — correm o risco de se tornar atividades egoístas caso não sejam equilibradas com o hábito de dedicar tempo e trabalho aos outros, de cuidar da comunidade, sem nenhuma expectativa de benefício pessoal.

Logo depois de começarmos a freqüentar o Haiku Zendo, eu e Mary compramos almofadas para nós dois e começamos a praticar o zazen na sala da nossa casa em San Jose. Em junho de 1967, participamos do nosso primeiro retiro de meditação de um dia inteiro no San Francisco Zen Center. No intervalo após o almoço, fomos passear na rua Bush. Era começo de verão e o dia estava fresco e ensolarado; vinha da baía uma brisa suave. Mary me disse: "O dia está gostoso demais para voltarmos lá para aquela sala escura". Então pegamos o carro, fomos até Sausalito e passamos ali a tarde, tomando cerveja e comendo hambúrguer no deque do Zack's, bar que dividia a lagoa com casas flutuantes e gaivotas.

capítulo 2

A verdadeira natureza

A minha carreira de vendedor na IBM foi bem curta. Depois de ficar no escritório de vendas por pouco mais de um ano, me pediram para "prospectar", visitar empresas num dos bairros mais antigos de San Jose para identificar e conquistar o interesse de possíveis clientes da IBM. Nos meses anteriores, havia concluído o programa de treinamento de vendas e engenharia de sistemas da IBM, um dos mais bem-sucedidos do mundo. Mas apesar dos meus novos conhecimentos de *marketing* e do respaldo do nome da IBM, tive dificuldades em arrebanhar clientes.

Incomodava-me a idéia de tentar energicamente vender um produto ou um serviço a outra pessoa. Não confiava nas técnicas agressivas de venda, pois as considerava uma espécie de intromissão, algo que manipulava as pessoas por meio de palavras inteligentes, tirando vantagem das fraquezas e das inseguranças dessas pessoas. Achava que as pessoas deveriam ter a liberdade de reconhecer sozinhas o que precisavam, sem que ninguém tivesse de lhes dizer nem vender nada.

Porém eu sabia que não havia nada de inerentemente errado no ato de vender. Sabia que é um elemento vital em qualquer comunidade coesa. Nos mercados das sociedades antigas, na moderna loja de departamentos ou nas negociações privadas, *tête-à-tête*, vender continua a ser um meio fundamental de as pessoas trocarem bens e se comunicarem, de sustentarem umas às outras com aquilo que têm a oferecer. Sabia que vender podia ser uma atividade criativa e benéfica, desde que realizada com integridade e ponderação.

Como conseqüência desses meus sentimentos conflitantes, tive dificuldade em deslanchar na carreira de vendedor. Sabia que tinha algo a resolver.

Na minha primeira semana de "prospecção", não consegui nada nas pequenas empresas da área industrial anterior à Primeira Guerra

Mundial. Não consegui ir além das mesas de recepção. Eu não sabia se essa falta de sucesso era provocada pela relutância e o medo de vender, por alguma deficiência na técnica de venda ou simplesmente por estar no lugar errado na hora errada. Fiquei abatido por vários dias, até que finalmente, certa manhã, o gerente de uma empresa familiar de pavimentação e cascalho aceitou a minha oferta de analisar os seus procedimentos empresariais para ver se a automação pouparia tempo e dinheiro.

Na semana seguinte, os funcionários e os chefes de seção me mostraram o inventário, o que cada um fazia e como a empresa administrava manualmente as finanças. Desenvolvi um novo conjunto de procedimentos para o gerenciamento das informações da empresa, com base no uso do equipamento de cartões perfurados da IBM. A solução dos problemas era a parte mais fácil e gostosa — a criação dos diagramas de fluxo de procedimentos e a análise que mostrava a economia em tempo e dólares. Mas lá no fundo eu sentia uma incômoda preocupação em relação a "como convencer o cliente".

Em primeiro lugar, existia o medo, que eu supunha ser natural num vendedor novato. Eu temia que não fossem aceitar a minha proposta; e não gostava da perspectiva de ser recusado, de ouvir o temível *não*. Mas a minha preocupação não fazia sentido, racionalmente falando. Os funcionários da empresa estavam gostando de eu estar ali estudando os seus procedimentos, e aguardavam ansiosos a minha apresentação. Eu sabia que os meus medos eram irracionais, e que seria um erro me entregar a eles; correr, por exemplo, ao meu gerente de vendas e suplicar: "Não sou vendedor! Sou engenheiro! Arrume um cara mais experiente para fazer o trabalho de convencimento do cliente!"

Então simplesmente continuei a fazer o que estava fazendo, decidindo que a melhor maneira de superar o medo era analisar cada detalhe necessário para me convencer de que o sistema que eu estava desenvolvendo realmente beneficiaria a empresa. Aprendi algo bem interessante sobre o medo: ele nascia somente quando eu pensava no possível impacto negativo sobre mim — será que vou fracassar? Será que não vou bancar o bobo? — e não no trabalho e nos possíveis resultados positivos para a empresa. Enquanto eu me mantinha concentrado no que estava fazendo, tudo ia bem.

Notei algo mais sobre a minha relutância. Eu estava desenvolvendo a análise e a estratégia de vendas com base num único ponto de vista: o meu. No papel, eu tinha certeza de que poderia demonstrar como o uso do equipamento da IBM resultaria em economia de gastos. Mas essa seria a primeira incursão da empresa na área da automação. Eu não sabia como eles se sentiam emocionalmente em relação a tamanha mudança. Passei então a conversar mais com o gerente e o seu pessoal, tentando compreender os seus sentimentos sobre a empresa e o seu futuro. Modifiquei a minha técnica de vendas e incluí as expectativas e os interesses do cliente, e com isso a minha preocupação desceu praticamente a zero. Agora aguardava ansiosamente o momento de "vender o peixe".

Quase deu certo. A minha apresentação demonstrou um aumento de eficiência, um melhor serviço e mais dinheiro no banco para a empresa. Todos ficaram contentes, com uma exceção. Até o dia da minha apresentação, ainda não tinha me encontrado com o homem que realmente concentrava o poder de decisão, o dono da empresa, já octogenário, que raramente ia ao escritório por causa de uma deficiência física. Apesar da lógica da minha análise, a "intuição" dele lhe dizia algo diferente: o momento não era propício para a mudança. Por conta da minha inexperiência, no meu afã de fazer a apresentação, não havia identificado a necessidade, a sabedoria, o entendimento de todas as pessoas da empresa, não havia conquistado a confiança de todos, sem exceção.

Por isso não fechei a venda. Fiquei decepcionado por não obter sucesso depois de toda a minha luta: outro conflito com o abatimento e os remoinhos da mente. Entretanto, as sementes foram plantadas. Dali a poucos anos a empresa iniciou um grande programa de automação com a IBM.

Mundo sem fronteiras

A nossa natureza inata, aquilo que no budismo se conhece como a nossa verdadeira natureza, é ilimitada, tão vasta que abarca tudo. Isso significa que nós mesmos abarcamos tudo e ao mesmo tempo somos abarcados por tudo. Mas é impossível compreender assim a nossa vida somente pensando nela com a mente racional. Se usamos apenas a nossa capacidade analítica para tentar compreender a nossa vida e o mundo em que vivemos, descuramos da vastidão do nosso verdadeiro mundo, o mundo da nossa verdadeira natureza. O mundo ilimitado, o mundo sem fronteiras, não pode ser alcançado pelo raciocínio.

A mente pensante constantemente se choca com os limites daquilo que conhece num dado momento. Sempre que nos esforçamos por compreender as situações e resolver os diversos problemas, aumentamos o nosso conhecimento e empurramos para trás as fronteiras daquilo que conhecemos sobre o nosso mundo rotineiro. À medida que o nosso conhecimento e a nossa experiência se alargam, os limites se expandem. Porém, mesmo expandindo o limite daquilo que conhece, a mente pensante encontra fronteiras. E como isso faz parte do cotidiano da vida, ela acredita que essas fronteiras são parte inerente do mundo. Mas esse mundo de fronteiras é um mundo inventado, criado pelas limitações da nossa mente racional.

Quando imaginamos um mundo com fronteiras, logicamente presumimos que ele deve ter um centro. A mente pequena — o ego — então tenta fazer de si mesma o centro desse mundo. Mas é impossível situar-se no centro de um mundo inventado. Quando tentamos nos postar nesse centro imaginário, nos sentimos desequilibrados e ansiosos. Tentamos aliviar a ansiedade preenchendo o nosso mundo inventado com coisas materiais e emocionais. Podemos até tentar alcançar a iluminação. Porém, não existe iluminação num mundo de fronteiras, num mundo inventado. A iluminação existe, sim, no mundo sem limites, o vasto mundo que se revela quando não tentamos permanecer no centro. A meta da prática do zen é abandonar as noções de fronteiras e perceber a nossa verdadeira natureza ilimitada. Quando exprimimos a nossa verdadeira mente ilimitada, compreendemos que não existem fronteiras nem centro. Então já não nos preocupamos em ficar no centro.

Quando percebemos pela primeira vez a mente ilimitada, é possível que também tenhamos emoções diversas, como raiva, tristeza ou abatimento. Esses sentimentos representam apenas o esforço da mente pequena por permanecer no centro. O nosso ego não quer abandonar o mundo de fronteiras pois não pretende abandonar a noção de si mesmo. Portanto, caso nos sintamos desencorajados, é importante perceber que isso não passa da teimosia da nossa mente pensante. Mesmo percebendo essa teimosia, a melhor coisa a fazer é continuar atentos e permanecer conscientes do que estamos sentindo. Não há necessidade de nos afastar do ilimitado só porque sentimos alguma emoção. Precisamos apenas continuar com confiança, mergulhando no mundo da ausência de limites.

No mundo ilimitado, não sabemos para onde estamos indo. Mas isso não é problema, pois inerentemente não temos lugar nenhum para ir. Percebendo a nossa ilimitação, basta seguirmos rumo à Grande Mente, a mente que abarca tudo. No mundo ilimitado, basta entregarmos a liderança à Grande Mente.

A Grande Mente pode surgir quando o coração começar a se abrir, quando os interesses migrarem de nós mesmos para os outros. Então a verdadeira natureza pode se expressar. Quando percebemos que a nossa mente passa do "interior" ao "exterior", devemos seguir nessa direção, rumo à compaixão e ao alívio do sofrimento. Para fazê-lo, é preciso se esforçar para não se deixar desviar por idéias de bem-estar, prazer ou desejo. Senão novamente criamos um mundo limitado e inventado.

Os desejos são muito fortes. Como as drogas, nos prometem empolgação e bem-estar, mas nos iludem, fazendo que queiramos nos esforçar somente por nós mesmos. Uma vida impulsionada pelos desejos gera graves problemas para nós e para os outros. Assim, quando surge o desejo, continuamos a observar a mente pensante tentando se iludir. Observamos a mente pensante tentando criar fronteiras e se estabelecer como o centro. Tomando consciência daquilo que a nossa mente está fazendo, devemos então nos esforçar por abandonar as fronteiras, abandonar a idéia de que somos o centro de um mundo pequeno. A nossa prática espiritual se resume a ampliar a mente para que ela retome a sua vastidão. Só então poderemos expressar o nosso verdadeiro eu, entregando-nos à vida e aos outros.

Nada a alcançar

Na prática do zen, não tentamos obter nada, nem mesmo paz de espírito. Tentar obter algo para a nossa mente é na verdade perturbar a paz de espírito. Ironicamente, ao tentar obter paz de espírito, nós a perdemos. Só quando não fazemos nada para obtê-la é que a alcançamos.

É impossível alcançar o que já temos. Do mesmo modo, não podemos expressar o que já temos se tentamos alcançá-lo. Por isso quando nos sentirmos desanimados na prática do zen, isso vale como indicação de que estamos tentando obter algo para a nossa mente, em vez de expressar o que já temos. A prática do zen expressa o que temos inerentemente.

Inerentemente, cada um de nós tem a sabedoria completa. Mas como não compreendemos a nossa natureza fundamental, tentamos obter sabedoria e nos esforçamos por alcançar alguma vivência dela. O objetivo da nossa prática é simplesmente dar uma oportunidade à sabedoria inerente. O ponto de partida é confiar nela. E para confiar na sabedoria inerente, primeiro é preciso confiar em nós mesmos. A prática deve começar com uma profunda confiança em nós mesmos. Se damos ênfase à obtenção de algo para a nossa mente, isso significa que não confiamos em nós mesmos nem na nossa sabedoria inerente. Então praticamos o zazen para abandonar as noções egoístas. Essa é a base da confiança em si mesmo, o ponto de partida para dar uma oportunidade à sabedoria inerente.

A sabedoria inerente é real; é a própria Realidade. Contudo, ela não se revela quando enfatizamos algo substancial, algo material que podemos identificar com a mente racional, rotineira. A mente rotineira é limitada às coisas do mundo fenomenal, coisas com forma, cor, som e sentimentos. Pelo contrário, a base da sabedoria é a nossa verdadeira natureza, que a mente rotineira não consegue alcançar. Quando tentamos alcançar sabedoria ou felicidade, estamos na verdade tentando agarrar algo que não se pode segurar como um objeto físico. Esse esforço só conduz à decepção.

Imagine uma criança tentando pegar uma bolha de sabão. Depois de brincar com as bolhas por algum tempo, a criança compreende a natureza delas. Compreende que são insubstanciais, e desiste de pegá-las. Compreende a natureza das bolhas sem refletir sobre isso. Não diz de si para si: "Compreendo agora. Essas bolhas não têm natureza permanente". Observando as bolhas, brincando com elas, a criança ao mesmo tempo as compreende e com elas se diver-

A VERDADEIRA NATUREZA

te como elas são. Mas se a criança não conseguir compreender a natureza das bolhas por meio da experiência, continuará tentando pegá-las e ficará infeliz por não poder fazê-lo. É inútil tentar alcançar a sabedoria ou a paz de espírito. Devemos simplesmente fazer da prática o fundamento da nossa vida. Então a nossa sabedoria inerente poderá se revelar. Então perceberemos a nossa inerente completitude, veremos que não há necessidade de obter nem alcançar nada. É assim que aprendemos a apreciar as bolhas de sabão, a nos divertir com elas.

Abandonar o apego não significa abandonar as nossas atividades cotidianas. Tampouco significa viver sem objetivos, sem cuidar das coisas e das responsabilidades que temos uns para com os outros e o mundo. Significa simplesmente deixar que a vida seja uma continuação viva das atividades. Uma atividade é viva para nós quando nos entregamos a ela, quando nós mesmos nos transformamos nessa atividade, sem tentar obter algo para a nossa mente. Agindo assim, sentimos a alegria de fazer algo livre do desejo. Então nos sentimos vivificados e revigorados. Isso é liberdade verdadeira.

A nossa vida não nos pertence. Só estamos cuidando dela. Por isso a prática é abandonar a visão egoísta da vida, desistir de tentar obter coisas para a mente, e compreender como realmente cuidar das coisas que forem surgindo. É então que podemos nos divertir com as bolhas.

capítulo 3

Mente e corpo

Unidade inerente

Quando colocamos o corpo e a mente na tradicional postura do zazen, expressamos a unidade inerente de todas as coisas. A unidade é a nossa natureza fundamental, mas é impossível apreciar e vivenciar plenamente essa natureza usando somente a característica pensante da mente. Ao tentar compreender a vida somente com o intelecto, olhamos através da nossa unidade, sem reconhecer o nosso verdadeiro eu. Em vez disso, com base naquilo que os sentidos nos dizem, logicamente concluímos que, fundamentalmente, somos todos seres separados. Por causa dessa idéia equivocada, a mente cria uma noção de isolamento, que gera inquietação.

O conjunto unificado corpo-mente é o veículo da compreensão. É o meio pelo qual entendemos como expressar o entendimento. Geralmente, "entendimento" é tido como atividade mental, que se baseia numa troca de idéias e palavras. Por isso, quando lemos ou ouvimos algo que aceitamos intelectual ou emocionalmente, dizemos: "Eu entendo". E quando falamos ou escrevemos algo que os outros aceitam, dizemos: "Eles entendem". Porém, devemos ter a consciência de que essa percepção do entendimento, criação da nossa mente pensante, se baseia numa noção sutil de separação entre "mim" e "você", entre "mim" e "eles". É uma visão limitada.

O entendimento completo se expressa na atividade, não só em palavras ou idéias. Esse é o fundamento da prática do zen. O entendimento completo abarca todo o nosso ser, repousando na unidade corpo-mente. A atividade da prática expressa essa unidade. Quando a atitude é sincera, a postura também deve espelhar sinceridade, ou confiança, senão a prática será incompleta. E quando temos determinada postura física, também precisamos exibir uma atitude sincera. Em outras palavras, a postura e a atividade do corpo espelham a atitude da mente.

A prática é o esforço que fazemos para expressar a unidade corpo-mente. Tentamos impedir que a mente vagueie, tentamos evitar que o corpo vagueie. Juntos eles expressam a nossa confiança e a nossa determinação. Cuidar do corpo significa cuidar da mente. Do mesmo modo, quando cuidamos da mente, cuidamos do corpo. Quando cuidamos do corpo-mente, cuidamos do mundo. O zazen é a prática de abandonar noções sutis de separação entre corpo e mente, entre o eu e os outros.

Não é fácil abandonar essa noção de separação. Em todo o mundo, pessoas e sociedades inteiras continuam a acreditar que é necessário que permaneçamos separados uns dos outros para que tenhamos segurança e bem-estar. Por isso povos, raças e nações permanecem apartados, lutando uns contra os outros. A paz só pode começar se dermos um basta na separação que cada pessoa faz entre corpo e mente. Fazendo isso, compreendemos a unidade de tudo, que não estamos separados da verdade.

No trabalho e nas outras situações do cotidiano, não podemos fazer tudo o que queremos. Temos de determinar as atividades que podemos fazer, as que temos de adiar e as que não poderemos fazer no curto prazo, ou quem sabe jamais. Para tomar essas decisões, precisamos considerar cada possível atividade isoladamente — o seu valor e o quanto custará para nós —, e também a sua relação com todas as outras atividades. Além de fixar essas prioridades, temos de determinar de que modo realizaremos as atividades que decidimos fazer, almejando a qualidade mais elevada possível dentro do prazo disponível. Esses fatores determinam a nossa competência de gerar dádivas com o nosso esforço.

Quando decidimos realizar alguma atividade, nós a transformamos numa dádiva se dedicamos a ela o nosso corpo-mente, fazendo dela a única tarefa a realizar naquele momento. Dessa forma, todas as atividades se incluem numa só, e todas as atividades se unificam. É assim que a nossa atividade preenche o universo, é assim que expressamos completo entendimento no nosso trabalho.

As atividades do cotidiano não são separadas nem isoladas. Cada qual é a expressão de todo o mundo. Concluir uma atividade no trabalho só porque alguém nos manda fazê-la não basta para nos dar uma sensação de satisfação duradoura. Só podemos ficar plenamente satisfeitos com o nosso trabalho se entendermos que ele é a continuação de algo que não tem fim.

Se tirarmos as penas da asa de um pássaro para estudá-las, talvez venhamos a adquirir grande conhecimento sobre as penas. Mas o pássaro não poderá mais voar. Cada pena é única, mas para formar a asa todas precisam se doar como dádivas, abrindo mão da separação. Precisam expressar uma unidade inerente. Só então o pássaro pode voar, pode se expressar.

A origem do descuido: um relato

A minha primeira experiência com programação de computadores foi em 1962, quando trabalhava no escritório de vendas da IBM, ajudando os vendedores a cuidar das contas dos clientes. Um dos clientes, grande fornecedor de suprimentos para escritórios, descobriu um pequeno defeito num dos programas que geravam relatórios mensais de contabilidade. Fui designado para consertar o defeito.

Alguns meses antes, fazendo o curso de treinamento de engenheiro de sistemas, alcancei uma pontuação bem elevada no teste de aptidão para programador da IBM. Mas apesar da minha inata habilidade para programação, me revelei impaciente na hora de fazer o trabalho naquela noite. Era tarde, eu queria terminar logo o trabalho, estava louco para voltar para casa. Fiz o trabalho às pressas e consertei o programa sem fazer todos os testes. No dia seguinte, recebi uma ligação irritada do gerente de contabilidade do cliente: o "conserto" não funcionara. Tive de voltar ao seu escritório e refazer o trabalho. Não foi um problema grave nem gerou uma crise, mas foi um trabalho descuidado que causou inconvenientes ao cliente, trazendo constrangimentos para mim e para a IBM.

Vendo-me cara a cara com a ansiedade, olhei para o outro lado, buscando a comodidade. Pensei que escaparia ileso, mas não escapei, pois me fizeram assumir a responsabilidade. Infelizmente outra pessoa teve de fazer isso por mim. Se eu mesmo me fizesse assumir essa responsabilidade, concluindo totalmente aquele pequeno serviço, não te-

MENTE E CORPO 53

ria criado um problema maior, causando dissabores para mim mesmo e para os outros. Esse episódio demonstrou o papel da responsabilidade individual como expressão da prática espiritual nas coisas do dia-a-dia. Mesmo quando ninguém nos chama à responsabilidade — quando não temos medo de sanção ou constrangimento, quando sabemos que podemos escapar ilesos se deixarmos de fazer algo que sabemos que devemos fazer —, podemos manter a integridade e dar uma dádiva para os outros desde que nós mesmos nos façamos assumir a responsabilidade pelo trabalho. Esse é o fundamento do desapego. Esse incidente me ensinou a insensatez e o perigo que há em fugir da ansiedade.

A respiração

O mestre zen Dogen dá orientações explícitas sobre a postura do zazen e a respiração no seu tratado *Fukanzazengi*, Regras para o Zazen.[1] Mas ele não detalha o que devemos fazer com a mente. Simplesmente aconselha a "pensar no não-pensar" pelo "não-pensar", e afirma que "a arte essencial do zazen" é o "não-pensar". Mas o que é esse "não-pensar"? Como praticá-lo? Como saber que se está praticando do modo correto? Dogen não diz. Mas nas suas poucas linhas sobre o "não-pensar", ele nos aconselha a respirar fundo.

No início do zazen, o praticante respira fundo para acalmar a mente. No dia-a-dia nós também às vezes respiramos fundo para nos acalmar, quando nos sentimos nervosos ou irritados. Respirar fundo ajuda a não fazer nem dizer nada apressadamente. Mas a respiração profunda não funciona somente em situações tensas. Cada respiração nossa deve ser profunda.

Quando respiramos fundo, a respiração é completa. Não há resquícios, sobras. Quando respiramos fundo, o nosso corpo respira fundo; fica relaxado e ágil. Ao mesmo tempo, a respiração profunda deixa a mente relaxada e ágil. Portanto, quando o corpo respira fundo, a mente também respira fundo. Disse Dogen: "O não-pensar é pensar no não-pensar". Logicamente essa declaração não faz sentido. "Não-pensar" é ao mesmo tempo não pensar e *não* tentar não pensar. Assim esse "não-pensar" é algo muito sutil, pois é ao mesmo tempo "não-pensar" e não "não-pensar". Em outras palavras, não-pensar é simplesmente a atividade fundamental da nossa mente, a atividade existente antes que ocorra o pensamento. Dogen quer dizer que devemos simplesmente deixar que a mente expresse o seu estado fundamental, anterior ao surgimento do estado do "pensar" e anterior também ao surgimento do estado do "não-pensar".

A mente não-pensante e a respiração profunda caminham juntas; não se pode ter uma sem a outra. Quando revelamos uma mente não-pensante, o corpo automaticamente respira fundo; não temos de fazer nenhum esforço especial. No *Fukanzazengi*, Dogen nos aconselha a iniciar o zazen respirando fundo. Dessa forma, o corpo acalma a mente. Mas também podemos tentar o contrário, fazendo a mente acalmar o corpo. No zazen, ou nas atividades do dia-a-dia, podemos fazer a mente retomar o "não-pensar", a sua inerente serenidade. Então a respiração será bem profunda e o corpo ficará calmo.

Dogen explica como o corpo deve ficar no zazen para que a respiração flua de modo ininterrupto e desimpedido. Ele descreve a postura do zazen como a atividade fundamental do corpo antes do surgimento da atividade. Assim o *Fukanzazengi* descreve a atividade da mente anterior ao pensar e a atividade do corpo anterior à atividade física.

No não-pensar, a mente respira fundo. Quando a mente respira fundo, todas as coisas seguem o seu caminho. Quando a mente respira fundo, ela expressa a sua atividade fundamental, de modo que quando precisa pensar, pode fazê-lo com base na serenidade.

Às vezes é necessário usar a vontade, a deliberação e às vezes basta deixar as coisas entregues a si mesmas, basta estar com elas e observá-las. Há a hora de pensar e a hora de não pensar; a hora de falar e a hora de ficar calado; a hora de intervir e a hora de não interferir; a hora de inspirar e a hora de expirar. Quando todas as coisas acontecem no momento certo, aí temos o não-pensar. Então deixamos que a respiração adestre a mente, e que a mente adestre a respiração. Quando a mente expressa a sua atividade fundamental de não-pensar, ficamos conscientes de tudo, tudo toma consciência de tudo. Tudo respira profundamente tudo. Essa é a prática espiritual e o nosso modo de vida.

A almofada correta

Quando praticamos continuamente a atenção, temos a oportunidade de estar atentos quando as causas do conflito começarem a surgir na mente. Conscientes dessas causas, temos a oportunidade de renunciar a elas, de libertar delas a mente. Mas se não estamos conscientes dessas causas, acabamos por carregá-las conosco, transformando-nos em fontes de possíveis conflitos e confusões.

Renunciar às causas dos conflitos que surgem na mente não significa desistir de enfrentar a injustiça quando a observarmos. Antes, significa não tentar eliminar a injustiça quando a mente estiver repleta de conflitos internos. Devemos nos esforçar por eliminar o conflito ou a injustiça com a mente serena. Se a mente não está serena na hora de enfrentar a injustiça, podemos gerar mais conflito e mais injustiça.

O lugar onde estamos, qualquer que seja ele, é um bom lugar. O lugar onde praticamos o zazen, qualquer que seja ele, é um bom lugar para praticar. Não existe nada que se possa chamar de lugar ruim, de almofada ruim. Por vezes, quando nos sentamos na postura do zazen, nos sentimos desconfortáveis. Experimentamos então outra almofada, que nos dê mais conforto. Isso é bom: devemos usar almofadas que favoreçam uma boa postura. Mas se ainda nos sentimos desconfortáveis depois de encontrar uma boa almofada, devemos simplesmente continuar sentados.

Quando nos preocupamos demais com a idéia de que precisamos de uma almofada "melhor", geramos um conflito na mente. Assim o melhor a fazer é simplesmente sentar na almofada que temos em mão e fazer o melhor possível com ela. Depois do período do zazen, podemos mexer na almofada ou achar outra melhor, mas quando estamos sentados, qualquer idéia de necessidade de uma almofada "melhor" só faz perturbar a mente. Quando renunciamos a essas idéias assim que elas surgem, a mente migra do desconforto ao desapego, a um sentimento de gratidão pela almofada que temos.

Talvez nos sintamos ativos; talvez sonolentos, com fome, irritados ou inquietos. Isso não importa: na hora da prática, basta praticar. Pensar que você poderia praticar melhor se não estivesse se sentindo tão cansado é o mesmo que desejar uma almofada "melhor". Independentemente das sensações corporais e dos pensamentos que cruzem a mente, devemos praticar o mais plenamente possível, onde quer que estejamos, com a almofada que tivermos à mão.

A prática do zen não tem por meta nos fazer sentir bem ou mal. Praticamos apenas para expressar a nossa verdadeira natureza, que não se importa com o bem-estar ou o mal-estar, nem com qualquer outra sensação. Praticamos sem nos deixar distrair por esses pensamentos.

O objetivo da prática é compreender quem somos e o que são todas as coisas, e expressar a verdadeira relação entre nós e tudo o que surge no mundo. O problema do ser humano é que ele se deixa confundir pelas relações cotidianas. Não compreende a natureza da verdadeira relação das pessoas entre si e das pessoas com as coisas. Como ele se deixa confundir pelas relações cotidianas, acaba gerando conflito e sofrimento. Ainda que as relações cotidianas estejam sempre mudando, elas se baseiam na verdadeira relação, que não muda. As relações cotidianas devem ser firmadas com a mente vazia, mente livre de confusão, que compreende a natureza da verdadeira relação.

A nossa tarefa na vida é possibilitar que as pessoas e as coisas estabeleçam relações conforme as capacidades e as circunstâncias e conforme a sua verdadeira natureza. A nossa tarefa é encorajar naturalmente essa expressão verdadeira, sem atrapalhá-la. Quando encontramos algum obstáculo, tentamos retirá-lo. Assim devemos nos sentir bem com qualquer almofada em que nos sentemos. Devemos nos sentir bem em relação àquilo que somos, e em toda e qualquer situação. É assim que trilhamos o caminho do Buda no dia-a-dia.

capítulo 4

Auto-expressão

Como confiar na nossa intuição fundamental

Não é necessário saber precisamente como começamos a perceber a nossa natureza espiritual. A consciência pode surgir da curiosidade intelectual, da inquietação com o sofrimento ou da intuição acerca do mistério da vida. Pode nascer de uma séria reflexão sobre os problemas sociais. Ou pode se desenvolver como conseqüência da nossa inquietação, da nossa confusão.

Todos os caminhos possíveis que nos levam a explorar a espiritualidade partilham uma característica: a percepção de que existe algo maior do que o mundo físico e emocional. É importante não desprezar essa espécie de intuição, pois ela nasce da nossa indagação fundamental acerca da natureza da vida. Todos nós, sem exceção, queremos entender o sentido da vida. Quer estejamos conscientes disso quer não, a nossa mente está continuamente ponderando essa indagação vital e universal.

A prática do zen nos possibilita examinar a vida de um modo bem amplo, compreender o seu significado e identificar o que se desenrola na nossa vida. A prática nos faz íntimos das nossas dificuldades e das dificuldades que todos os seres humanos encontram, e também da origem do transtorno e da alegria.

Embora talvez não pensemos assim, a intuição que temos de algo maior que nós é uma indicação de que já "vemos" algo maior, de que já "somos" algo maior do que a nossa vida cotidiana. Essa intuição é o ponto de partida para a resposta da indagação acerca da vida. Embora essa indagação surja da mente racional, a mente não consegue resolver as suas próprias dúvidas. Só podemos responder a essa indagação por meio de uma prática espiritual contínua.

Podemos aprender a confiar nas nossas intuições mais profundas serenando a atividade intelectual e deixando de lado os desejos pessoais. Essa confiança é a base da prática do zen.

Começar por nós mesmos

Acho que as pessoas se interessam pela prática do zen por causa de alguma dificuldade ou indagação acerca da vida. O sofrimento e a busca de sentido são pontos de partida naturais da prática espiritual. Ter a determinação de enfrentar a dificuldade e a disposição de analisar direta e sinceramente o transtorno é de fato o princípio da compreensão.

Devemos, porém, ter o cuidado de reconhecer que a prática espiritual não é somente um método de solução de problemas individuais. O principal é simplesmente praticar sem tentar alcançar nada para nós, sem buscar o livramento de alguma dificuldade. Isso vale mesmo quando achamos que a solução do nosso problema beneficiará também outras pessoas. Se temos em mente alguma meta quando praticamos, a nossa concepção de vida permanecerá bastante estreita e não seremos capazes de encarar diretamente a dificuldade ou a dúvida em questão. A mente só pode se alargar bastante quando a prática não se baseia no desejo de realização pessoal. Portanto precisamos estar atentos a qualquer tendência de querer resolver os nossos problemas por meio da prática espiritual.

Na verdade, as dificuldades que surgem na vida podem ser oportunidades. Elas nos dão a chance de ver que a nossa mente enfatiza desejos e interesses pessoais. Enquanto não temos consciência das nossas desilusões, permanecemos enredados nas velhas crenças e hábitos. É por isso que enfatizamos a consciência e a aceitação de quaisquer dificuldades que surjam.

Quando iniciamos a prática do zazen, os nossos interesses pessoais talvez até se intensifiquem. Se os interesses atuais parecerem mais agudos, e se passarmos a ter consciência de novos interesses egoístas, talvez venhamos a pensar que o zazen acaba piorando as coisas! Naturalmente, esse sentimento pode confundir e desanimar a pessoa. Mas apesar de tudo o que possamos sentir, temos de nos esforçar por confiar na nossa prática, perseverando com determinação. Apesar do que o senso comum nos diz, todas as coisas são inerentemente livres de dificuldades. Tudo e todos são originalmente iluminados. Esse é o ensinamento fundamental do budismo, e aquilo que descobrimos por conta própria na prática do zen. Praticamos o zazen para expressar essa verdade.

Um só círculo: um relato

— Vocês já viram as pesquisas de mercado? — perguntou a gerente, abrindo um grande sorriso.

Eu fazia parte de um grupo de redatores técnicos que criava manuais para usuários de programas de computador da IBM. Estávamos reunidos para analisar os resultados da última pesquisa de satisfação dos clientes com relação ao nosso trabalho.

— Não, ainda não — disse alguém.

— O que elas dizem? — perguntou outro.

— Excelentes! — sorriu ela, evidentemente satisfeita.

Passamos a analisar os resultados da pesquisa. Eram muito bons. Era sempre um alívio quando as pesquisas de *marketing* mostravam que os nossos usuários — os clientes da IBM — estavam satisfeitos com os vários manuais impressos e a documentação *on-line* que preparávamos para eles. Porém, exceto a gerente, nenhum de nós estava incrivelmente empolgado. Apesar da boa notícia, notava-se uma evidente falta de entusiasmo na sala.

Não que fôssemos presunçosos ou convencidos, esperando nada menos que aqueles ótimos relatórios. Era algo mais fundamental: faltava um elemento-chave no nosso relacionamento profissional. Embora o nosso grupo de redatores gostasse do que fazia e gostasse também de trabalhar em conjunto, não nos sentíamos inspirados.

O incidente aconteceu quando eu já tinha mais de trinta anos de IBM. Comecei a praticar o zen quando tinha alguns anos apenas de carreira. As duas experiências contribuíram para que eu compreendesse essa situação de um modo bastante amplo. Eu a enxergava do ponto de vista profissional e também numa perspectiva espiritual.

Sentia que o nosso problema era a separação entre as pessoas. Existiam fronteiras invisíveis entre nós e os nossos usuários, fronteiras que só poderiam ser removidas pelo estabelecimento da confiança e de relacionamentos pessoais. Era uma consciência que fora aperfeiçoada por anos de prática do zazen. Estávamos no nosso "círculo", e eles estavam no deles.

Eu tinha certeza de que os usuários, embora relatassem que estavam satisfeitos com os manuais, também não estavam entusiasmados com eles. Porém, eu precisava de provas para confirmar a minha intuição. Perguntei então aos outros redatores se eles não gostariam de visitar os clientes, para saber em primeira mão como a nossa documentação estava sendo usada, e discutir pessoalmente idéias para aperfeiçoá-la. Todos ficaram empolgados com a idéia. Falei então com os representantes de vendas dos produtos IBM junto a vários usuários. Eles confirmaram que os clientes estavam interessados em conversar com os redatores técnicos. No final, acabamos visitando doze empresas, e nos reunimos com programadores e outros clientes que usavam os nossos manuais.

O projeto de visitas foi altamente bem-sucedido. Os usuários gostaram do nosso interesse pessoal pelas suas necessidades e do esforço que fizemos para ouvi-los. Eles se mostraram entusiasmados, nos apresentaram problemas específicos, nos deram sugestões e nos fizeram perguntas cuidadosamente ponderadas. O nosso interesse pessoal possibilitou que eles encarassem a IBM como um grupo de pessoas, não como uma grande corporação. Por outro lado, como conseqüência das reuniões que tivemos com eles, os redatores da IBM se sentiram mais confiantes na compreensão das exigências dos usuários. Para os dois lados, as discussões dinâmicas foram bem mais eficazes do que os formulários e questionários de pesquisa. Mais tarde, outros grupos de redatores organizaram visitas aos seus clientes.

O aparente objetivo profissional dessas visitas era adquirir informações sobre as necessidades dos nossos usuários. Mas esse foi somente um dos seus objetivos, a explicação racional que justificou o dispêndio de tempo e dinheiro. O meu verdadeiro motivo foi gerar uma relação mais cooperativa. Em outras palavras, eu sentia que o nosso problema

AUTO-EXPRESSÃO   61

não era tanto de informações quanto de "fronteiras". Eu queria que nos insinuássemos no círculo dos clientes, convidando-os a entrar no nosso. Se nos perguntarem como expressar a prática espiritual no dia-a-dia, podemos, com base nesse tipo de relato, dar uma resposta ao estilo zen: "Fazer um só círculo". Mas a prática espiritual nada tem que ver com frases inteligentes. Começa com o reconhecimento de que o nosso dia-a-dia já é espiritual, de que devemos tratá-lo com reverência. Expressar a espiritualidade nas questões do cotidiano depende da atitude diante das nossas atividades e dos nossos relacionamentos, e não de tentar descobrir "como" fazê-lo.

Algumas pessoas dizem que o zen não é para qualquer um, mas não creio que seja assim. Pode até parecer que o zen só pode ser compreendido por samurais, homens "duros na queda". Mas o zen, expressão que é do budismo, baseado no alívio do sofrimento, tem uma dimensão suave, receptiva. Não tem por meta ser uma espécie de confronto ou competição, seja conosco mesmos seja com os outros.

Os antigos budistas eram gente muito sábia. Compreendiam que as pessoas têm dificuldade de aceitar a mudança, e que a melhor maneira de introduzir o novo é fazer com que ele se torne parte de algo familiar, algo em que as pessoas já confiam. Eles sabiam que a melhor coisa a fazer era ter paciência, deixar que as pessoas avançassem no seu próprio ritmo.

Se existe algum empecilho físico à prática, não é imprescindível que a pessoa se sente de pernas cruzadas em cima de uma almofada; uma cadeira serve. Mesmo na sala de meditação, é aceitável que a pessoa se deite para praticar o zazen caso tenha algum problema grave nas costas; as outras pessoas aceitarão bem. No meio de uma sessão de meditação, se alguém realmente achar que deve se levantar e sair, tudo bem. Não precisamos gritar: "Sente-se!" ou "Aonde você pensa que vai?" Simplesmente devemos crer que essa pessoa sabe o que é melhor para ela.

Alguém pode estar passando por dificuldades emocionais, a mente atribulada se debatendo com alguma lembrança amarga. Nesse caso, longos períodos de imóvel silêncio podem fazer ressurgir sentimentos dolorosos, provocando forte nervosismo. Não há razão para insistir na exigência de trinta ou quarenta minutos de silencioso zazen. Meditar caminhando é uma excelente alternativa. O iniciante que tenha dificuldades pode começar com cinco minutos de zazen e ir gradualmente aumentando o tempo. Mesmo um minuto ou menos por vez já é um bom começo, especialmente para as crianças. É preciso lembrar que o zazen começa com uma respiração por vez. O ponto principal é ensinar a mente a permanecer quieta, é praticar a renúncia dos apegos.

É claro que precisamos nos precaver contra os caprichos do ego, que busca enfatizar o bem-estar mais que a prática. Sentar-se de pernas cruzadas dá um equilíbrio excepcional ao corpo e à mente, favorecendo uma respiração profunda e fácil. Por isso é bom que incentivemos os outros e nós mesmos a adotar essa postura física, ou outra bem próxima dela, compreendendo ao mesmo tempo que o objetivo não é chegar lá com rapidez. Nem todos têm a mesma capacidade, nem todos podem avançar no mesmo ritmo. O importante é simplesmente que cada um dê o máximo de si.

Raízes profundas

Buda adaptava o seu ensinamento a cada situação, inclusive às capacidades e às índoles dos seus discípulos e às diferentes circunstâncias. O seu ensinamento era especialmente moldado para cada caso. O budismo é famoso pela sua capacidade de se adaptar às crenças e às sociedades com que depara. Mas se os ensinamentos do budismo são continuamente adaptados, como é possível compreender a doutrina fundamental, aquela que vale para qualquer pessoa e para qualquer situação? A resposta, acho eu, é que precisamos adaptar o ensinamento às circunstâncias do momento para entendê-lo plenamente. A única forma de avaliar a doutrina fundamental é evitar o apego a uma única forma de ensinamento, ou a uma única forma de exprimir a verdade.

Ainda que a expressão deva necessariamente ser flexível, a verdade em si jamais muda. Por ser flexível, o ensinamento pode exprimir a verdade. Se o ensinamento não se adapta, não pode exprimir a verdade. A prática do zen é o caminho da aceitação completa. Aceitamos as coisas como são. É assim que cultivamos e expressamos a nossa mente profunda.

Quando cultivamos o solo profundamente, as raízes da planta têm um lugar para ir. As raízes têm de ser enterradas no solo porque essa é a natureza das coisas que crescem. Quando as raízes são profundas, a planta fica viçosa, mesmo que as folhas e os frutos caiam todo ano. Mas se as raízes não são profundas, a planta não sobrevive. Quando as raízes podem se aprofundar na terra, acontece a aceitação plena, e tudo pode se expressar segundo a sua natureza e as circunstâncias.

Em cada relacionamento, temos de estar cientes da natureza da pessoa, e também da situação. Porém, nem sempre é fácil discernir essas coisas. Por isso precisamos continuamente manter a mente aberta e atenta. Aceitação plena significa estar pronto para reagir conforme cada pessoa e cada atividade. Como as raízes, temos de ser capazes de ir a qualquer lugar em busca de nutrição para sustentar a vida espiritual. Mas "ir a qualquer lugar" não significa vagar sem rumo. As raízes vão longe, espalhando-se em muitas direções, mas não abandonam a árvore; sempre sabem o que estão fazendo.

Quando praticamos continuamente, podemos ir a qualquer lugar e fazer qualquer coisa, sempre sabendo o que estamos fazendo. Quando conhecemos o verdadeiro significado das atividades cotidianas, podemos sair de casa, mas sempre nos sentimos em casa. O ponto de partida é a nossa casa. Isso significa que antes de ir a qualquer lugar, antes de fazer qualquer coisa, devemos saber o que estamos fazendo num sentido bem amplo. Temos de entender quem somos para saber o que estamos fazendo. É por isso que nos sentamos para meditar. Inerentemente, todos têm uma mente ampla, receptiva. Todos têm a capacidade de reagir conforme a situação. Inerentemente temos uma mente ilimitada, iluminada. Mas temos de fazer algum esforço para expressar isso.

A prática do zazen é uma forma de expressar essa nossa mente ampla e receptiva. É uma forma de aprender a expressar o verdadeiro eu. Quando praticamos o zazen, podemos nos expressar integralmente. Temos confiança para ir a qualquer lugar sem jamais nos sentir longe de casa.

De frente para o mundo

O estilo zen de viver ensina o homem a viver integralmente. É estar plenamente desperto e envolvido no mundo em cada momento, mesmo quando estamos preocupados, desgostosos com a situação em que nos achamos. Alguém que leia sobre o zazen ou que veja fotografias de pessoas sentadas na postura de lótus pode pensar: "Isso não é a vida real; não estão fazendo nada". Mas a meta do zazen não é tirar uma folga da atividade cotidiana. No zazen estamos sempre prontos para enfrentar o mundo, para mergulhar totalmente nele.

Se fechamos os olhos, a escuridão pode nos dar algum alívio da distração visual, proporcionando-nos uma sensação de paz e tranqüilidade. Mas no zazen, mantemos os olhos abertos. Se queremos fechar os olhos porque as sensações visuais nos distraem, precisamos entender que é a nossa mente que se distrai, não os olhos. Portanto, no zazen conservamos os olhos abertos, atentos e preparados. Mantendo os olhos abertos, permanecemos no mundo.

Em vez de impor limites à visão, à audição ou às capacidades racionais, devemos mergulhar na tranqüilidade que é inerente à agitação barulhenta do cotidiano. É preciso enfrentar o mundo, abraçá-lo plenamente, pois assim o veremos como ele realmente é. Manter os olhos abertos evita a criação de uma falsa separação entre nós e o mundo. Devemos enfatizar esses dois pólos. Quando não nos apartamos do mundo, o próprio Buda é quem vê o mundo. Manter os olhos abertos no zazen é ter os olhos do Buda.

No nosso modo de praticar o zen, ficamos de frente para uma parede durante o zazen. Estritamente falando, as pessoas ficam de frente para a parede, mas para os Budas não existe parede; os Budas ficam sempre de frente para o mundo todo. Num sentido prático, dizemos que estamos de frente para uma parede, mas na verdade somos o Buda de frente para os espaços abertos, de frente para o mundo. Quer estejamos sentados sozinhos quer ao lado de outras pessoas, mantemos abertos os olhos do Buda para ficar de frente para o mundo.

O maior erro da humanidade é sacrificar a expressão do verdadeiro eu em favor de uma pequena comodidade física ou emocional. O desejo dessa pequena comodidade só leva ao desejo de uma comodidade maior, resultando numa sensação de separação dos outros e do mundo. Se mantemos os olhos fechados, então os ouvidos, o nariz, a língua, o corpo e a mente ficam fechados também.

AUTO-EXPRESSÃO

Então não podemos entrar no mundo, tampouco o mundo pode entrar em nós. Não podemos ver as coisas como elas são. A nossa vida passa a ser dominada pelos desejos e pelas emoções egoístas, em prol de uma comodidade pequena, pessoal. Não devemos cometer esse erro.

A forma de vigiar os olhos, os ouvidos, o nariz, a língua, o corpo e a mente é ficar atento à respiração. Começa-se pela postura. Mantendo as costas retas, a respiração fica mais fácil. Então os olhos, os ouvidos, o nariz, a língua, o corpo e a mente permanecem abertos e ágeis. A prática do zen não é ascética, embora possa até parecer ascética quando lutamos contra a dor nas pernas ou nas costas, ou contra o sono. Na prática, não tentamos gerar mal-estar. Ao mesmo tempo, não tentamos nos apegar ao bem-estar, nem desejamos não sofrer mal-estar. Se nos sentimos bem, ótimo, mas se não, ótimo também. A melhor coisa a fazer é achar o verdadeiro bem-estar, que transcende aquilo que sentimos no momento. Então podemos partilhar o nosso bem-estar com os outros. Então podemos estar no mundo, e o mundo em nós.

Fechar os olhos, tentar ignorar a dificuldade que está diante de nós, talvez nos dê uma sensação de bem-estar. Mas não podemos viver de olhos fechados. É preciso ter o cuidado de evitar a preocupação excessiva com o bem-estar pessoal. Isso não nos trará paz; só criará mais problemas. O zazen é a expressão do verdadeiro bem-estar. É estar integralmente no mundo. É ver, ouvir e respirar integralmente o mundo. É deixar que o mundo nos veja, ouça e respire. De olhos, ouvidos, nariz, língua, corpo e mente abertos, exibimos uma postura confiante. Então podemos descobrir o verdadeiro bem-estar e cultivar a confiança.

capítulo 5

Uma aventura

Conheci Suzuki-roshi no Haiku Zendo no final de 1966, mas só fui ter o meu primeiro encontro privado com ele no inverno do ano seguinte, quando participei do meu segundo retiro de um dia inteiro. No meio da manhã, alguém anunciou que Suzuki-roshi se dispunha a receber em particular todo aquele que quisesse se encontrar com ele. Várias pessoas, inclusive eu, encaminharam-se até um corredor escuro no andar térreo do San Francisco Zen Center, diante da porta da sala onde aconteciam as entrevistas. Ficamos ali sentados de frente para a parede, esperando a vez. Quando entrei, cumprimentei-o com uma reverência, como me ensinaram a fazer, e sentei de pernas cruzadas na almofada que estava diante de Suzuki-roshi. Ele era paciente e cortês, mas a idéia de me encontrar frente a frente com um mestre zen me deixava nervoso. Da janela parcialmente aberta às costas dele vinha o barulho do trânsito da rua Bush. Ao contrário do corredor, a sala era iluminada e alegre. A renda branca das cortinas fazia um contraste mansamente fluido com os mantos escuros da figura do mestre, que permanecia sentado em silêncio à minha frente.

Ficamos ali sentados em silêncio por alguns minutos, sem prestar atenção a uma aranha de longas pernas que subia lentamente uma parede lateral. Por fim ele falou:

— Você tem alguma pergunta?

— Não, nenhuma.

Depois de uma longa pausa, ele pegou lápis e papel e perguntou o meu nome e endereço. Perguntou como estava indo o retiro. Disse que se lembrava de mim do Haiku Zendo. Inclinamo-nos respeitosamente um diante do outro. Saí.

O nosso segundo encontro aconteceu no Haiku Zendo, numa manhã de quinta-feira. Estávamos sentados de pernas cruzadas diante dos janelões que tinham substituído a porta da antiga garagem. As persianas abaixadas filtravam a luz do sol, banhando-nos de faixas estreitas e alternadas de luz e sombra. Sentado na postura de lótus completa, as solas dos pés viradas para cima, percebi que os meus pés descalços estavam praticamente no rosto de Suzuki-roshi. Anotei mentalmente que na próxima vez deveria calçar meias. Novamente não tinha perguntas. Depois de ficarmos os dois alguns minutos sentados ali em silêncio, ele apontou para as minhas pernas dobradas e comentou: "A sua prática é boa". Mais tarde percebi que, embora eu não tivesse perguntas, ele encontrara uma forma de dizer algo que me incentivasse.

Esses dois primeiros encontros com Suzuki-roshi foram decepcionantes. Naqueles primeiros tempos, em virtude dos livros disponíveis era muito difundida a idéia de que o propósito da prática do zen era alcançar uma empolgante experiência de iluminação. Eu esperava que ele me desse uma orientação, um incentivo, uma dica de como fazer isso. Mas não dava. Ele só tinha um método: prestar atenção e esperar para ver o que eu tinha a dizer. A sua estratégia era deixar que eu descobrisse as coisas por mim mesmo. Finalmente compreendi que não podia esperar que ele tomasse a iniciativa. Eu deveria ter em mente algum tema para discutir quando fosse me encontrar com ele a sós.

Numa quarta-feira à noite, durante uma sessão de perguntas e respostas depois da palestra semanal, um rapaz questionou Suzuki-roshi sobre um livro recente que trazia uma longa seção com descrições de experiências pessoais de iluminação. O livro fazia enorme sucesso. Muitos de nós estávamos contentes por finalmente ter um vislumbre do suposto resultado da prática do zen. Respondendo à pergunta, Suzuki-roshi disse apenas: "Há um mal-entendido aí".

Fiquei espantado. Foi a coisa mais próxima de uma crítica que me lembro de ter ouvido de Suzuki-roshi. Pensei: "Como é que ele pode criticar um livro maravilhoso e importante como esse?" Anos mais tarde, identifiquei a intenção do seu comentário. Suzuki-roshi não nos incentivava a tentar alcançar a iluminação; antes, nos incentivava a *expressar* a iluminação. O mal-entendido a que ele se referia era pensar que tínhamos de obter alguma coisa. Disse ele em palestras posteriores: "A iluminação não é uma espécie de sensação agradável ou algum estado mental específico. O estado mental que vigora quando você está sentado na postura correta é ele mesmo a iluminação" e "Aquilo que enfatizamos não é o estágio que alcançamos, mas a firme confiança que temos na nossa natureza original e na sinceridade da nossa prática".[1]

Por longo tempo, não entendi isso. A meta do zen, pensava eu, era alcançar aquela iluminação sobre a qual eu havia lido. No café da manhã de uma quinta-feira, poucos meses depois do incidente da quarta-feira à noite, expressei a minha frustração a Katagiri-roshi:

— Vocês nunca falam sobre a iluminação!

Todos à mesa caíram na gargalhada com a resposta dele:

— Ah é? você acha isso mesmo?

Só lentamente fui percebendo que a prática espiritual não dá resultado nenhum, não há nada a "obter" dela. Por ser desinteressada, a prática é o fim em si mesma.

Estar informalmente na companhia de Suzuki-roshi era sempre uma alegria, muitas vezes surpreendente. Certa noite, depois de uma cerimônia de casamento no Haiku Zendo, organizamos um jantar festivo na casa de Marian. Enquanto provávamos uma variedade de iguarias pouco comuns, Suzuki-roshi pegou uma delas, de aparência bem exótica, e deu uma grande mordida. Enquanto ele mastigava, perguntei:

— O que o senhor está comendo? Nunca vi isso antes.

Sem hesitar, ele estendeu o braço, pôs o bocado restante na minha boca e disse:

— É delicioso. Por que você não experimenta?

Era raiz de lótus, e realmente delicioso.

No verão de 1967 eu, Mary e os nossos dois filhos passamos duas semanas no Tassajara, um mosteiro zen recém-aberto pelo San Francisco Zen Center no Los Padres National Forest, região central da Califórnia. Mary é paisagista; um dos seus passatempos é cultivar bonsais. Suzuki-roshi também trabalhava com bonsais e estava cultivando um jardim de pedras em miniatura atrás da sua cabana no Tassajara. Eles dois gostavam de conversar sobre o cultivo do bonsai.

Certa tarde, eu e Mary saímos para caminhar. Ela levou uma pazinha e alguns sacos plásticos, na esperança de encontrar algumas mudas que pudesse plantar em casa. À margem do córrego Tassajara ela encontrou e pegou uma mudinha de carvalho. Na volta, mostrou orgulhosamente o achado a Suzuki-roshi. Ele simplesmente tomou a muda das

UMA AVENTURA 69

mãos dela e disse: "Muito obrigado". Fez meia-volta e entrou na cabana, sem dizer uma palavra mais.

No final de semana, metade da nossa estada de 15 dias, vários mestres zen famosos chegaram do Japão para participar da cerimônia de dedicação do novo mosteiro americano. Entre eles estavam Yasutani-roshi, Eido Tai Shimano-roshi e Soen Nakagawa-roshi.[2] Na manhã de sábado, os estudantes do Tassajara e os hóspedes de verão se reuniram no zendo para um diálogo com Suzuki-roshi e os seus convidados especiais. Os quatro roshis e os seus assistentes ficaram sentados, imponentes, em tablados diante do altar. O mais velho, Yasutani-roshi, deu uma palestra, traduzida por Eido-roshi.

Depois da palestra, Richard Baker, um dos estudantes mais antigos de Suzuki-roshi, anunciou à platéia que estava aberto o espaço para perguntas a qualquer dos quatro roshis. O salão ficou silencioso. Dick nos encorajou a perguntar, destacando que aquela era uma oportunidade única na vida. Das sessenta ou setenta pessoas presentes no zendo, fui o único a erguer a mão. Perguntei: "Qual a melhor maneira de estabelecer o zen nos Estados Unidos?" Os roshis e os seus assistentes se reuniram num grupo agitado. Eido-roshi anunciou que os quatro iriam responder a pergunta.

Não me lembro exatamente do que se disse naquela manhã. De modo bem vívido as três primeiras respostas nos incentivavam a praticar o zazen com grande determinação, alcançar a iluminação e depois fundar centros de meditação em todos os Estados Unidos. O anfitrião, Suzuki-roshi, foi o último a falar. Chegando a sua vez, ele se pôs de pé e, calmamente, disse: "Nada tenho a dizer". E saiu por uma porta lateral. O zendo quase veio abaixo com as nossas gargalhadas, e a sessão se encerrou ali mesmo.

Quando o despertador tocou às cinco numa manhã de domingo, junho de 1968, rolei na cama e decidi não ir ao Haiku Zendo. A brisa daquele início de verão era morna e fragrante. E eu tinha ali ao meu lado a minha adorável mulher. Disse comigo mesmo: "O dia hoje está bonito demais. Não sou obrigado a ir". Depois pensei em Marian, que naquele momento estava abrindo a sala de meditação e preparando o arroz, a sopa e as frutas para o café da manhã. Ela não se permitiu a opção de continuar dormindo. Desinteressadamente ela nos possibilita-

70 ZEN NO TRABALHO

va praticar o zen em plenos Estados Unidos. Pulei da cama, peguei o carro e dirigi até Los Altos. Aquela visão de Marian me despertou para o desapego. Desde então, nunca mais tive dificuldade em sair da cama para praticar o zazen às cinco da manhã.

Naquela manhã, depois da sessão de meditação das nove horas, Marian me puxou de lado. Explicou que não tinha mais condições financeiras de continuar morando na sua casa de Los Altos. Duas das suas quatro filhas já tinham mais de 21 anos, e por isso não recebiam mais a pensão do pai, seu ex-marido. E mais: Marian queria simplificar a sua vida. Queria ir para o Tassajara, em busca da prática monástica do zen. Mas não queria encerrar o Haiku Zendo vendendo a casa. Disse: "Venho pensando nesse problema há um ano. Quando vi você entrando no zendo hoje de manhã, soube que finalmente tinha encontrado uma resposta. Que tal se você e a sua família se mudassem para cá para cuidar do Haiku Zendo?"[3]

Fiquei ao mesmo tempo surpreso com a pergunta e contente pela confiança que ela depositava em nós. Naquela mesma manhã, mais tarde um pouco, quando contei à Mary o que acontecera, ela me disse sem hesitar: "Se você topar, para mim está ótimo".

Ponderei a oferta de Marian por vários dias: os desafios que enfrentaríamos e também a oportunidade que surgia para nós. Muitas das nossas despesas mensais dobrariam, e também o meu trajeto diário ao trabalho. Havia os detalhes administrativos da manutenção do Haiku Zendo: o café da manhã nos sábados e nas quintas-feiras, todos os detalhes da visita semanal do nosso mestre. As considerações práticas e financeiras da proposta de Marian invadiram a minha cabeça. Mas para a Mary aquilo tudo era uma aventura.

A maior preocupação eram as duas filhas mais novas de Marian, que ainda moravam com ela, fazendo o segundo grau. O pai delas se casara de novo e morava noutra região de Los Altos. Marian estava convicta de que as meninas não queriam morar com ele. Tínhamos então de ponderar bem a responsabilidade de nos tornar pais adotivos de duas adolescentes. Naquela época, o nosso filho, David, tinha 6 anos, e a nossa filha, Margaret, 3.

Por outro lado, tínhamos a grande chance de desenvolver um relacionamento íntimo com dois mestres zen que vieram do Japão para estabelecer a prática do zen nos Estados Unidos. Eu e Mary nutríamos

UMA AVENTURA 71

grande respeito e simpatia por Suzuki-roshi e Katagiri-roshi. Eram exemplos de força de caráter, paciência, humor e uma sabedoria ao mesmo despretensiosa e universal. Agora éramos chamados a ajudá-los. Foi o que me fez tomar a decisão. As reflexões que fiz acerca de mudar para o Haiku Zendo confirmaram o meu crescente sentimento de que a prática do zen nutre as melhores virtudes humanas e exprime algo bem fundamental da vida.

Assim em setembro nos mudamos para a casa de Marian, com a responsabilidade de cuidar do Haiku Zendo e das suas duas filhas. Foi necessário fazer algumas experiências para descobrir a melhor maneira de conviver com as meninas. Mary recorda um episódio da época:

> Foi no dia em que fizemos a festa de inauguração da casa, logo depois de nos mudarmos para a casa de Marian. Suzuki-roshi e a mulher participaram da festa, ao lado de muitas outras pessoas; a casa estava cheia. Eu conversava com o roshi na sala quando ele me pediu um copo de água.
>
> Ele me acompanhou até a cozinha, e, já afastados da multidão lá de dentro, falou: "O que você está achando de morar aqui?" Pensei que ele me perguntava se eu tinha idéia da responsabilidade que estava assumindo. Respondi que estava entusiasmada com todas as novas responsabilidades, mas que me preocupava um pouco com as filhas adolescentes de Marian, que ela havia deixado aos nossos cuidados. Ele disse: "Vocês não têm como controlar o comportamento delas". A simples afirmação dessa verdade me abriu uma nova perspectiva com respeito ao relacionamento com as meninas.[4]

Kathy e Annie eram meninas de boa índole, independentes e autosuficientes. Depois de alguns ajustes de todas as partes, viver juntos realmente tornou-se uma aventura. A casa sempre parecia cheia das amigas do colégio ou dos estudantes do zen, às vezes as duas coisas. Não raro eu tinha dificuldades para saber quem era quem.

Numa noite de quarta-feira, outono de 1969, depois que todos já haviam saído, eu, Mary e Katagiri-roshi tirávamos as xícaras de chá e conversávamos. Ele nos surpreendeu sugerindo que o Haiku Zendo talvez já estivesse pronto para o seu próprio mestre zen residente. Mais tarde, quando o grupo mais assíduo do Haiku Zendo demonstrou entusiasmo pela idéia, fui a San Francisco conversar com Suzuki-roshi sobre o assunto. Ele nos incentivou, e recomendou que convidássemos o monge zen Kobun Chino. A maioria de nós já conhecia Kobun.[5] Três anos antes, um americano do San Francisco Zen Center passara vários meses no Eiheiji, um dos dois maiores mosteiros da escola Soto Zen no Japão.[6] Ele escreveu a Suzuki-roshi falando de um jovem sacerdote japonês que ele havia conhecido, sugerindo que o rapaz fosse convidado a ir para os Estados Unidos. Suzuki-roshi e Marian convidaram Kobun a ficar no Haiku Zendo. Mas ele não chegou a Los Altos. Assim que chegou aos EUA, Suzuki-roshi gostou tanto dele que imediatamente o levou para Tassajara e o instalou ali como abade-assistente. Lá ficou um ano e meio, depois voltou para a sua cidade natal, Kamo, na região central do Japão, para ajudar a reconstruir o templo da sua família, que fora danificado numa enchente.

Como já conhecia Kobun, foi com prazer que o convidei, mais uma vez, para ser o mestre residente do Haiku Zendo. Quando ele chegou, em fevereiro de 1970, a nossa família o acolheu em casa. Era natural que ele ficasse com o quarto que fora por tantos anos usado pelos nossos visitantes semanais de San Francisco. Embora as atividades do Haiku Zendo se restringissem a três dias por semana, ele não teve muita folga depois que os estudantes do zen descobriram que havia um mestre disponível ali.

Quando já fazia pouco mais de um ano que eu praticava, comecei a me encontrar regularmente com Suzuki-roshi. Fiz-lhe muitas perguntas sobre a prática do zen aplicada à vida americana contemporânea e à minha própria vida, especialmente ao meu ambiente de trabalho. Ele raramente dava conselhos específicos, mas sempre encorajava a prática contínua como melhor forma de resolver as dificuldades. Num dos nossos encontros, falei de uma situação especialmente delicada no trabalho, que envolvia uma complexa política pessoal.

— O que o senhor acha que eu devo fazer? — perguntei.

Ignorando a súplica que eu lhe fizera para que resolvesse o meu problema, ele simplesmente disse:

— Você tem de voltar à origem do seu karma.

Não entendi o que ele quis dizer. Eu achava enigmática a doutrina budista que pregava que certas atividades humanas geravam karma, uma misteriosa energia remanescente negativa que provocava o renascimento e o sofrimento. Mas embora eu preferisse uma resposta mais pragmática, eu sabia que ele estava tentando me mostrar algo. Fiquei intrigado com a sua resposta, enredado no significado incerto da terminologia e nas amplas implicações espirituais. Eu me perguntava o que significaria "voltar à origem".

Não sei explicar como aconteceu, mas acabei entendendo o que Suzuki-roshi quis dizer. Ele me encorajava a ver como o problema fora criado. Em vez de meramente buscar uma solução, eu tinha de compreender o processo antes de tentar corrigir a sua conseqüência. Ele tentava me ajudar a perceber que eu estava levando os meus hábitos, os meus preconceitos e os meus interesses egoístas para o local de trabalho. O problema não estava apenas "lá"; eu fazia parte dele, eu o estava criando por intermédio das minhas próprias ilusões. Foi a sua forma de me dizer que eu tinha de dar um passo para trás antes de tentar avançar, que para cuidar dos detalhes do cotidiano, primeiro eu tinha de identificar desejos e emoções e o modo como esses fatores fazem surgir as dificuldades.

De um ponto de vista prático, o karma é uma forma de compreender as conseqüências danosas dos nossos hábitos, aquelas reações emocionais involuntárias a situações incômodas ou ameaçadoras que surgem na vida. Para eliminar esses hábitos, e o sofrimento que geram, é preciso primeiro identificar a sua existência e aceitá-los como nossos, como problemas nossos, não dos outros. Tudo isso depende de uma consciência imparcial, não seletiva, daquilo que está acontecendo.

Suzuki-roshi era afável e descontraído. Porém às vezes ficava impaciente, irritado até, quando sentia que as pessoas estavam teimosamente enredadas nas suas ilusões. Um episódio particularmente memorável aconteceu perto do final de um retiro de uma semana realizado na nova sede do centro zen, na rua Page. Depois de ouvir o toque do sino de manhã, os estudantes já se vestiam e começavam a se dirigir para o zendo, quando vários deles perceberam que o sino fora tocado uma hora antes do horário determinado. Muitos voltaram aos seus quartos para dormir mais, outros foram tomar uma xícara de chá, outros ainda se encaminharam assim mesmo ao zendo. Depois do segundo toque do sino, estando todos os alunos sentados de frente para a parede para o primeiro período de zazen do dia, Suzuki-roshi entrou trazendo na mão o kyosaku, o curto bastão do mestre, achatado numa das extremidades. Caminhou ao longo da fileira de alunos, parando às costas de cada um para repreender todo o salão com um grito e dois golpes no ombro: "Vocês não sabem praticar!" (pá, pá); "Vocês não sabem praticar!" (pá, pá).

Por volta do início de 1970, eu já havia incorporado a prática do zen à minha vida. Fazer o zazen ao acordar de manhã já era natural e espontâneo, o ato mais importante do dia. Se eu não começasse o dia assim, era como se me faltasse uma sensível vitalidade. Mesmo nas viagens de negócios, eu pegava o travesseiro da cama do hotel, me envolvia num cobertor e meditava sentado por uma hora antes de colocar a camisa branca e o terno e sair para tomar o café da manhã na lanchonete.

O método ensinado por Suzuki-roshi — manter uma única postura física e conservar a mente alerta pela contínua consciência da respiração — é extraordinariamente simples. No entanto é inexplicavelmente profundo. Acho impossível explicar com precisão o que acontece. Só o que posso dizer é que, segundo a minha experiência, o zazen de algum modo fortalece a confiança e também a generosidade, a paciência e a solidariedade por meio de uma forma sutilmente diferente de enxergar o mundo. Eu me sentia totalmente à vontade com essa expressão de espiritualidade universal que não tinha dogmas nem temas. Tinha a sensação de que havia voltado para casa.

Algo que me incentivava especialmente era a ênfase que o zen dá à descoberta — ou, talvez mais acuradamente, à revelação — da sabedoria inerente pela determinação individual. O seu espírito fundamental se caracterizava pela ênfase prioritária de Suzuki-roshi no zazen, exemplificada pelo seguinte episódio. Suzuki-roshi chegou do Japão em 1959, a convite do templo zen-budista nipo-americano da rua Bush. Um pequeno grupo de ocidentais ouviu falar dele, formando um pequeno círculo de meditação de umas doze pessoas. Certo dia apareceu por lá um jovem inglês chamado Grahame Petchey; depois do zazen matinal, ele disse:

— Eu tenho interesse no zen. O senhor poderia me ensinar?

— Volte amanhã de manhã que eu te ensino — respondeu Suzuki-roshi.

Na manhã seguinte ele nada explicou ao jovem inglês. Depois de aguardar três meses, Grahame perguntou novamente, e ouviu de Suzuki-roshi:

— Nós meditamos também à noite. Você será bem-vindo.

Ele jamais respondeu diretamente à pergunta de Grahame.[7]

Eu queria conservar esse espírito, fazer dessa atitude o fundamento da minha prática, entrar no zendo toda manhã e sentar sem expectativas. Essa última parte, como descobri depois, não seria tão fácil quanto eu supunha.

Comecei a pensar no futuro, em como eu poderia transmitir aos outros a prática que conheci na garagem de uma casa dos subúrbios. Sentia um forte ímpeto de unir o melhor que os Estados Unidos tinham a oferecer a essa prática espiritual viva e compassiva. Afinal, percebi que o Haiku Zendo teria de abandonar a comodidade de uma casa privada. Tinha de se tornar mais público, mais acessível, para que as pessoas interessadas pudessem se sentir um pouco donas daquilo, aprendendo a cuidar do lugar. Mas Kobun chegara recentemente, e era ainda cedo demais para falar em mudar.

Comecei a pensar em virar monge zen, um dos discípulos de Suzuki-roshi. Percebi que havia me aproximado mais dele nos dois anos anteriores; estava cada mais consciente da profundidade da sua espontânea expressão de paciência e bondade. O seu jeito tranqüilo e natural demonstrava que essas virtudes eram inerentes a qualquer um. Eu queria entender como ele conseguia agir assim, absorver o seu modo de viver neste mundo.

Ao mesmo tempo, eu tinha consciência das minhas limitações. Não acreditava estar apto para me tornar discípulo e um dos possíveis sucessores de Suzuki-roshi. Emocionalmente, eu era lógico demais, impaciente demais, assolado por uma forte tendência à crítica. Estava longe do seu jeito tranqüilo de aceitar totalmente as coisas. Como é que eu poderia dar continuidade à sua obra, aprender a exprimir o seu desapego e saber incentivar tanto os outros como ele fazia?

Será que era sincero o meu desejo de me tornar monge, ou apenas uma estratégia para aumentar a minha auto-estima? Será que eu não estava erguendo uma fachada, uma máscara, para encobrir algo de mim mesmo que eu não queria enxergar? Surgiu em mim a clara consciência de que eu gostava da idéia de ser conhecido como monge, como um dos alunos de Suzuki-roshi. Essa consciência me deu uma sensação de impureza, como se eu farejasse o odor sutil do meu próprio ego. Falei da minha confusão a Kobun. Ele foi breve: "Você deve ir em frente".

Mesmo com esse incentivo, continuei cético. Durante vários meses lutei contra as minhas dúvidas, dialogando comigo mesmo:

— Sou crítico demais.

— Você vai superar isso.

Pouco a pouco, percebi que eu estava sendo crítico demais comigo mesmo, deixando de confiar em mim mesmo e na prática. Finalmente comecei a entender que não era necessário ser perfeito. Importava mais continuar a praticar com determinação, tentar me conscientizar das tendências egocêntricas, tentar evitar que elas envenenassem as circunstâncias ou os relacionamentos. Isso significava avançar com confiança, mesmo que misturada a alguma incerteza.

Eu não sabia o que era ser um monge zen nos modernos Estados Unidos. Na verdade ninguém sabia; a idéia era ainda nova demais. Eu só sabia que queria ser monge e, ao mesmo tempo, continuar a trabalhar e a cuidar da minha família, cultivando uma vida integrada, equilibrada, exprimindo a prática espiritual na complexidade da correria do cotidiano. Seria possível manter o verdadeiro espírito de um monge zen trabalhando numa grande empresa, morando nos subúrbios de uma cidade? Será que eu poderia viver no mundo, mergulhado no mundo, sem buscar nada exceto viver uma vida autêntica?

Em março de 1970, preparei-me para me encontrar com Suzuki-roshi: queria conversar sobre a idéia de me tornar monge zen — discípulo seu —, e também explicar as minhas dúvidas e reservas. Dirigindo o meu carro rumo a San Francisco naquela noite fria e garoenta, o brilho dos faróis contrários ofuscava a visão da pista escorregadia. A cidade estava mergulhada na neblina.

Suzuki-roshi me aguardava no seu pequeno apartamento no centro zen. O lugar combinava objetos de duas culturas. Os Estados Unidos entravam com as paredes pintadas de tinta-esmalte branca, um aquecedor a vapor com os tubos que acompanhavam os rodapés, tomadas elétricas e altas janelas de guilhotina. Do Japão vieram estátuas delicadas, rolos de bela caligrafia e misteriosos textos budistas. O ambiente recendia fragrância de incenso.

UMA AVENTURA

Sentamos em almofadas perto da janela que dava para a rua Page. Suzuki-roshi me serviu uma xícara de chá. Eu lhe disse que queria ser seu aluno. Ele me perguntou por que eu queria me tornar monge. Assim que comecei a explicar, ele se levantou e sem nada dizer entrou num quarto. Fiquei ali sentado com a xícara de chá na mão, olhando a noite úmida lá fora, imaginando o que ele faria.

Poucos minutos depois ele voltou com sua mulher, conhecida por todos simplesmente como Okusan.[8] Ela trazia uma fita métrica. Eles me puseram de pé e estenderam os meus braços. Juntos tiraram as medidas: peito, cintura, altura, comprimento do braço. Depois disseram: "Os seus mantos chegam do Japão em seis meses. Vão custar 150 dólares. Obrigado por ter vindo. Boa noite". Avancei pelo sombrio corredor do segundo andar do centro zen, enquanto ele fechava a porta às minhas costas. Era o seu modo de dizer: "Sim, você pode se tornar meu discípulo". Não fez mais perguntas. Não tive a chance de explicar.

Assim, aos 37 anos, eu ia me tornar um monge zen americano, discípulo de um mestre zen sensível, despretensioso, determinado, desapegado. Era uma rara oportunidade, uma chance de unir vários mundos, de seguir o que a minha intuição me dizia sobre a relação da espiritualidade com as atividades humanas do dia-a-dia. Eu queria compreender como a espiritualidade pode ser exprimida no trabalho, em casa e nas instituições sociais. Era um novo território; não havia instruções a seguir.

Suzuki-roshi também não me dava instruções. Cabia a mim determinar que tipo de monge zen eu seria. Decidi que era importante fazer um treinamento de três meses no Tassajara, ter alguma experiência de vida monástica. Mary me incentivava a fazer o que eu achava melhor. Estava disposta a deixar que eu ficasse fora de casa por três meses, a cuidar dos filhos, então com 8 e 5 anos, e ainda a administrar o Haiku Zendo. A IBM me deu licença. Fiquei impressionado com a atitude da empresa, permitindo que um dos seus gerentes tirasse licença para se internar num mosteiro zen.

Passei o outono de 1970, de meados de setembro a meados de dezembro, no Tassajara. Suzuki-roshi estava no Japão tratando dos negócios relativos ao templo da sua terra natal. Ele convidara Tatsugami-roshi a vir do Japão para ocupar o posto de abade durante a sua ausência. Tatsugami-roshi era um homem corpulento. Durante quinze anos fora o *ino*, encarregado da conduta dos monges no salão de meditação, do mosteiro Eiheiji. Trouxe idéias firmes sobre disciplina e organização ao novo mosteiro, que era então administrado por uma maioria de americanos criados nos anos 60. Ele queria que aprendêssemos a liturgia da tradição monástica da escola soto japonesa, e fazia várias pessoas ensaiar os cânticos por cinco ou seis horas diariamente. Dia sim, dia não, em lugar do zazen ele dava uma palestra de uma hora e meia sobre os ensinamentos de Dogen acerca da conduta correta do monge zen. Não era um tema interessante. Depois de um dia longo e frio, continuar acordado era um desafio contínuo.

O inverno no Tassajara era algo simplesmente maravilhoso — o córrego murmurante, as montanhas agudas e íngremes nos dois lados do vale estreito, que deixavam escapar somente nesgas do céu noturno cristalino, o toque do sino na manhã que nos clareava a mente, a luz da alvorada lentamente iluminando as silenciosas silhuetas sentadas no salão de meditação. Era também úmido e frio.

As cabanas e os quartos de dormir não tinham isolamento térmico. A folha externa da janela não passava de uma lâmina de plástico pregada num caixilho de madeira. O vento penetrava facilmente pelas frestas das paredes. Calor, só na cozinha, exceto a lareira portátil bojuda que se acendia durante o período de estudo matinal de uma hora, na combinação de sala de jantar e biblioteca. Esperávamos ansiosamente a hora do banho ao fim do dia: as águas vinham das lendárias fontes quentes sulfurosas do Tassajara.

Tentando me adaptar àquele modo de vida austero, descobri como eu era apegado às comodidades da minha casa e do meu padrão de vida de classe média. Abrir mão disso não era fácil. No início, sentindo-me confinado pelo cotidiano da vida monástica de meditação, de trabalho manual e estudo, a minha mente passou a cultivar diligentemente a auto-ilusão. Já no começo dos três meses, me senti impelido a explicar para todo o mundo a importância do meu trabalho na IBM. E como foi decepcionante e ao mesmo tempo revelador perceber que ninguém se importava com isso: a "importância" era invenção minha. Lentamente fui entendendo o jogo. Foi uma profunda experiência observar a minha mente persistindo na idéia de iludir a si mesma, enquanto eu sabia exatamente o que ela estava fazendo.

UMA AVENTURA

Não foi senão depois de várias semanas que a minha mente confusa e ruidosa se acalmou durante o zazen e o trabalho, permanecendo plenamente consciente do canto dos pássaros, do vento nas árvores, do murmúrio do córrego Tassajara e da infinita corrente de emoções. Foi um intenso período de prática monástica. Eu não tinha onde me esconder das ilusões que surgiam, não tinha como me refugiar em mornas comodidades ou atraentes distrações. Apesar das dificuldades, ou quem sabe por estímulo delas, foi uma experiência crucial rumo à compreensão da natureza dos desejos humanos e do meu apego a eles.

Os meus joelhos doíam, todo o meu corpo doía, e, em dezembro, os meus polegares e as pontas dos outros dedos ficavam dormentes de frio até o meio-dia. Mas, pouco a pouco, a minha teimosia abrandou, a minha mente cedeu, já não lutava contra o frio e o desconforto físico crescentes. Que grande dádiva não foi perceber que a dor no joelho não precisa se transformar em dor mental, que a mente cria a sua própria dor recusando-se a aceitar a dor no joelho. Certa manhã percebi que no meu rosto surgira um sorriso sutil e tranqüilo durante o zazen. À medida que as imagens de mim mesmo sumiam da mente, cada vez mais era natural meditar. Na metade dos três meses, chegou uma mensagem de San Francisco: a minha cerimônia de ordenação estava agendada para janeiro, depois da volta de Suzuki-roshi do Japão.

Quase cinqüenta pessoas se apertavam no Haiku Zendo naquela tarde de sábado de 1971. A minha mãe, que morava em San Francisco, chegou quinze minutos depois do início da cerimônia. Estava nervosa quando entrou na sala lotada. O seu filho de meia-idade, classe média, pai de uma linda família, bem empregado, dono de uma bela casa e de um futuro promissor, se preparava para mergulhar num misterioso mundo religioso que estava além da sua compreensão. Ela tinha certeza de que eu estava jogando fora tudo o que se exigia para uma "boa vida". Ela não conseguia esconder a preocupação. Ainda hoje vejo Suzuki-roshi fitando-a ao vê-la entrar e sentar-se numa cadeira que lhe ofereceram perto do tablado. Muito gentil, ele se aproximou, pousou a mão no ombro dela e disse: "A senhora chegou na hora certa".

Em setembro, recebi uma ligação do centro zen: pediam-me que fosse imediatamente ver Suzuki-roshi. Pediram-me que vestisse os mantos de monge. Ele estivera doente nos últimos doze meses com sintomas de gripe. Naquela tarde ensolarada e quente de domingo, dirigi tenso até San Francisco. Entrando no quarto dele, achei-o na cama. Falou: "Eu tenho câncer".

Fiquei abalado. Perguntei sobre a possibilidade de uma operação, e ele disse que não havia tratamento. Indagou-me então:

— Você tem alguma pergunta?

Sem pestanejar, respondi:

— Diante do mar, vemos as ondas quebrando na praia. Lá ao longe, vemos as águas calmas e vastas.

Fechando os olhos, o rosto bem cansado, ele disse:

— Isso mesmo.

Morreu em dezembro.

capítulo 6

Vivendo a realidade

Essencialmente o meu trabalho não mudou nada quando voltei do Tassajara. Como se eu não tivesse ficado longe por três meses, voltei ao meu cargo de gerente de um grupo de análise de sistemas. A minha cabeça raspada de monge logo recuperou o corte quase militar. Nas minhas camisas de colarinho, nos meus sapatos de bico fino, eu me sentia à vontade na IBM. Rumores se espalharam. Muitas pessoas sabiam onde eu passara os três meses. Algumas exibiram algum interesse pelo meu envolvimento com o zen, mas, em geral, as minhas relações de trabalho ficaram como antes.

Embora o trabalho em si fosse essencialmente o mesmo, a visão que eu tinha dele mudara ao longo dos três últimos anos. O trabalho tinha agora novos contornos. Já não era algo árduo, "árido", como se eu me visse num infindável deserto de problemas a superar e metas a atingir, sempre correndo o risco de deparar com alguma dificuldade. Agora, o trabalho mais parecia um jardim, com formas, texturas e aromas novos e interessantes a cada curva do caminho. Os problemas, as dificuldades, não desapareceram, mas a minha relação com o trabalho era diferente. A minha nova compreensão do significado do sucesso resultou numa mudança de prioridades.

O trabalho deixou de ser um meio para um fim determinado, para conquistar reconhecimento e uma vida mais cômoda o mais rápido possível. O sucesso era agora sentir satisfação no contínuo processo do trabalho, na atividade em si, na dedicação, não somente no atingir metas. O meu interesse principal migrou para o processo dinâmico do trabalho, a melhor maneira de abordar tarefas e relacionamentos para que o ambiente de trabalho pudesse apresentar uma atmosfera espiritual, fraterna. A preocupação com a eficiência em cada atividade deu lugar ao interesse pela natureza fluente do trabalho. O meu local de trabalho se transformou no local de prática do zen. Eu aprendia a cuidar dele do mesmo modo como aprendera a cuidar do Haiku Zendo.

Aprendendo a encontrar a satisfação

Para que a nossa vida seja feliz, precisamos conhecer o significado da verdadeira felicidade, compreender que ela não se baseia em satisfações materiais ou emocionais. A verdadeira felicidade se baseia na compreensão do nosso verdadeiro eu. Em outras palavras, precisamos saber quem realmente somos antes de poder alcançar a satisfação, antes que a mente julgue o que "é" e o que "não é" satisfação. A verdadeira felicidade não pode se basear em satisfações temporárias. Só pode se basear na compreensão do sentido original da vida.

A tendência natural do ser humano é tentar alcançar satisfações diversas nas lutas do dia-a-dia. Levar uma vida espiritual não significa negar essas satisfações. Porém, a ênfase principal deve estar na luta em si, não nos seus resultados. Os resultados das lutas vêm e passam, mas a luta está sempre ali. Então é preciso saber o que estamos fazendo nessa luta.

As lutas da vida não servem apenas para alcançar a satisfação. Em outras palavras, não devemos dar o máximo de nós para alcançar satisfações e reservar apenas a energia restante para as atividades não gratificantes. Se agirmos assim, a nossa própria vida não será gratificante. Na prática do zen, toda atividade é gratificante, pois todas as atividades estão além da discriminação. Basear a vida na prática espiritual significa enfatizar a luta diária e não se preocupar tanto com alcançar satisfação. É assim que todas as atividades se tornam gratificantes. Então toda a nossa vida se transforma num contínuo sentimento de satisfação.

Sabemos o que estamos fazendo nas nossas lutas quando vemos as coisas como elas realmente são. Portanto não devemos tentar enxergar as coisas de um modo limitado. Assim podemos ver a natureza original das pessoas e das coisas, podemos compreender o que estamos fazendo com a nossa vida. No budismo, estar atento significa compreender o que se está fazendo, mesmo antes de fazer

VIVENDO A REALIDADE 83

de fato alguma coisa, mesmo antes de sequer pensar em fazer alguma coisa. Essa compreensão é a base das nossas lutas diárias. Suzuki-roshi falou que devemos "retomar o nosso caminho, a nossa natureza original". Ele quis dizer que devemos estar atentos para que não nos deixemos enredar pela mente discriminante. Também quis dizer que devemos cultivar a mente do bodhisattva, a mente compassiva que dedica aos outros a sua energia. Mas essa dedicação não é considerada como auto-sacrifício, pois o bodhisattva conhece a verdadeira natureza das satisfações e sabe que na realidade não há nada a sacrificar. O bodhisattva compreende a verdadeira natureza das suas lutas e que a sua vida é um contínuo "empenho passivo". Para o bodhisattva, a felicidade e o ajudar os outros não são coisas diferentes. Na literatura budista, o bodhisattva idealizado, dramatizado, parece sobre-humano. Mas o verdadeiro bodhisattva é simplesmente uma pessoa que exprime a sua natureza original. É alguém que pratica com sinceridade e se esforça por não se aferrar a idéias egoístas.

No zazen, descobrimos a nossa mente bodhisáttvica. Praticar significa preparar-se para essa descoberta. Quando estamos prontos para abandonar as noções egoístas e aceitar a verdadeira natureza das coisas, nos transformamos verdadeiramente em bodhisattvas. Simplesmente praticamos e deixamos surgir a nossa natureza bodhisáttvica.

Somos todos singulares na nossa humanidade, e cada um de nós exprime um "jeito" especial de ser. Todos temos interesses e habilidades diferentes, de modo que cada um se satisfaz com atividades diferentes. Mas o fato de sermos singulares não significa que somos inerentemente diferentes uns dos outros. A nossa verdadeira natureza é universal. Cada um de nós exprime a mesma natureza verdadeira a seu próprio modo.

À medida que se multiplicavam as experiências no trabalho e no zen, comecei a identificar diversas semelhanças entre esses dois mundos supostamente diferentes. Começando pelo plano pessoal, percebi que as virtudes práticas enfatizadas no zen não eram diferentes das qualidades que a IBM incentivava nos seus funcionários: integridade, moralidade, capacidade de trabalho, disciplina, disposição de aprender, atenção aos detalhes, responsabilidade e perseverança.

Essa percepção não foi para mim uma grande surpresa. Antes, foi a confirmação da idéia instintiva que eu tinha de que esses tradicionais valores americanos estavam arraigados na longa história do zen-budismo. Fiquei empolgado com as possibilidades criativas de integrar as duas tradições. Imaginei combinar a compaixão budista com o espírito de determinação do estilo de vida americano, uma fusão que diminuiria a ganância e a injustiça que pareciam teimosamente aderir ao individualismo inato da nossa "busca da felicidade".

Outra semelhança entre o trabalho e a prática do zen é o modo como as pessoas percebem o mundo em que vivem e trabalham. Suzukiroshi muitas vezes pregava a idéia de enxergar o mundo do ponto de vista da Grande Mente, que ele às vezes chamava de "vasta mente" ou "mente original", a mente que abarca tudo.[1] Do mesmo modo, o trabalho enfatiza a idéia de "ter uma visão panorâmica das coisas", seja no sentido profissional ou político.

As organizações bem-sucedidas demandam que os clientes, os principais gerentes e outras pessoas analisem as grandes propostas de novos empreendimentos para garantir que os impactos técnicos, financeiros e humanos sejam bem compreendidos. Para sair-se bem no que muitas vezes mais parece uma intensa investigação, a pessoa que cria um projeto precisa identificar a larga gama de conseqüências positivas e negativas que poderiam resultar da sua proposta. O que carinhosamente chamamos de "fazer o dever de casa" implica incluir tudo, alcançar um conhecimento completo da situação mercadológica, técnica ou política, e não restringir a atenção a uma área limitada de interesse.

As atividades individuais bem como toda a organização dependem dessa disciplina panorâmica para evitar problemas que possam minar o projeto. É necessário reduzir a possibilidade da ocorrência de problemas depois da implantação da mudança proposta. Ter uma visão panorâmica — de todo o processo — é a melhor forma de evitar o "karma profissional".

A princípio, alcançar essa visão panorâmica e cultivar a Grande Mente parecem não ter nada em comum. A visão panorâmica depende de um processo consciente, lógico, exigido em ambientes inovadores, complexos ou mutáveis. A Grande Mente, por outro lado, não é imposta por uma instituição ou pela sociedade. É uma ampla perspectiva espiritual que nasce naturalmente da atenção continuada da pessoa ao seu mundo. O seu fundamento é a compaixão, e não o retorno do investimento. Mas essas duas formas de enxergar as coisas — uma dependente do pensamento analítico, outra dependente da superação desse pensamento analítico — compartilham características importantes. As duas demandam determinação para que a pessoa alcance máxima compreensão, e também a disposição de reconhecer — não ignorar, negar ou diminuir — tudo o que se descobrir. Naquilo que vivi, a atitude profissional e a atitude espiritual não entram em conflito, mas se complementam.

Nos momentos de desânimo que passei, observei uma terceira semelhança entre o trabalho e a prática do zen. Quando comecei a trabalhar, não fazia idéia das dificuldades que poderiam surgir; jamais imaginava que depararia com sérias dúvidas e inquietações. Eu vivia então um sonho, ingênuo e ansioso por ter concluído um curso universitário rigoroso, por ser disputado pelas indústrias como engenheiro recém-formado, por me estabelecer na região da baía de San Francisco, por viver o otimismo e as oportunidades da IBM. Mas em menos de um mês no trabalho testando os RAMACs, e mais tarde como engenheiro e homem de vendas, vi-me face a face com o desânimo, a inquietação e a dúvida.

Com grande alívio, percebi que essas emoções surgiram proporcionalmente ao orgulho que eu tinha daquilo que havia realizado anteriormente e das minhas expectativas em relação àquilo que o futuro supostamente me traria. Aprendi que eu tinha de examinar a origem de cada situação decepcionante para descobrir um modo de agir que fosse o mais criativo possível. Foram lições sobre os riscos inerentes às grandes expectativas, sobre a sabedoria de não tentar criar o futuro antecipadamente, sobre o valor de simplesmente estar pronto para o que der e vier.

Como contrapontos ao que acontecia no trabalho, destacam-se dois momentos de desânimo que vivi na prática do zen. O primeiro nasceu do meu relacionamento com Kobun Chino. Depois de morar com a minha família por quase um ano, Kobun se casou com uma moça que conhecera na época em que estava no Tassajara. Mudaram-se para uma casa perto da nossa. Ele estava firmemente estabelecido como mestre no Haiku Zendo, e a sua reputação crescia na Califórnia e além. Ele

86 ZEN NO TRABALHO

fascinava muita gente, como mestre e como amigo. Era intuitivo, cortês, carinhoso, generoso, inteligente e dono de um imenso bom humor. Era o líder espiritual do grande número de pessoas que praticavam no Haiku Zendo, e também de muitas outras que ele conhecera noutros lugares.

Quando Suzuki-roshi morreu, supus que Kobun se transformaria no meu mestre no zen. Eu ansiava por aprofundar mais o nosso relacionamento. Na prática do zen tradicional, esse relacionamento entre mestre e aluno é o componente essencial do treinamento e do ensino. Para um monge zen, são absolutamente fundamentais os freqüentes encontros com o mestre. Nunca foi fácil agendar esses encontros com Suzuki-roshi, por causa dos nossos horários sobrecarregados e da distância geográfica que nos separava. Porém, tive a felicidade de conviver com ele o bastante para sentir uma crescente intimidade. Planejava me encontrar com mais freqüência com Kobun. Seria fácil, pensava eu, pois ele morava ali pertinho.

Mas não foi tão simples como eu supunha. Era difícil conseguir a atenção de Kobun. Por causa do número de pessoas que queriam vê-lo, e da minha própria vida profissional e familiar agitada, tínhamos de agendar os nossos encontros com duas semanas de antecedência, mais ou menos. Ele muitas vezes cancelou no último minuto. E quando nos encontrávamos, ele às vezes me trocava por alguma visita ou por uma chamada telefônica — e o encontro terminava bruscamente. Depois eram necessárias mais duas semanas para agendar outro encontro, com os mesmos resultados. Às vezes ele simplesmente esquecia o nosso compromisso.

Fiquei irritado e decepcionado com a indiferença de Kobun, chateado com a sua falta de consideração. Afinal, pensava eu, fora principalmente em virtude do meu sacrifício, do sacrifício da minha família, que ele teve a oportunidade de se estabelecer nos Estados Unidos. E eu estava conscienciosamente cuidando do Haiku Zendo, possibilitando que ele desse palestras públicas e que as pessoas entrassem em contato com ele e com a prática do zen. O meu desânimo durou meses.

Bem lentamente, porém, esse sentimento foi mudando. Gradualmente percebi que eu mesmo havia criado a dificuldade por esperar e forçar um certo tipo de relacionamento com Kobun. Quando vi que a coisa não funcionava do jeito que eu achei que deveria funcionar, passei a culpá-lo sem ponderar que talvez ele tivesse uma expectativa total-

VIVENDO A REALIDADE 87

mente diferente, ou quem sabe expectativa nenhuma. Quer a minha raiva fosse ou não "justificada" pelo comportamento de Kobun para comigo, comecei a compreender que eu na verdade estava *decidindo* ficar com raiva, e que insensatamente queria mudá-lo ou esperava que ele fosse algo que não era. Deixei de me preocupar com a suposta indiferença dele. Em vez de repisar as dificuldades do relacionamento, aprendi a enfatizar os lados positivos.

Parei de tentar me encontrar com Kobun, de tentar ter com ele uma relação especial e íntima de mestre e aluno. Aceitei a ambigüidade da nossa associação. Com a prática contínua, mudou a minha atitude diante dos relacionamentos. A compreensão intelectual da importância de firmar e manter bons relacionamentos não evitou que eu fosse cegado pelos meus próprios desejos e pelas expectativas que eu nutria com respeito aos outros. Finalmente identifiquei essa minha tendência, fui capaz de aceitar a realidade do meu relacionamento com Kobun. Estava aprendendo como surgem a decepção e o desânimo para compreender o que significa exprimir a consciência desapegada da prática espiritual no dia-a-dia.

Um incidente que me ajudou a valorizar o relacionamento com Kobun ocorreu poucos anos depois da sua chegada ao Haiku Zendo. Nos anos 70, uma pequena emissora de rádio de Los Gatos transmitia um programa religioso de quinze minutos nas noites de domingo. Fui convidado a participar, e pedi a Kobun que fosse comigo. Lá pelo meio do programa, o entrevistador me perguntou: "Que técnicas vocês usam para incentivar as pessoas na prática da meditação?" Com certo orgulho, eu disse que não usávamos técnicas especiais, como visualizações, enigmas, promessas de realização espiritual ou disciplina rígida.

Depois Kobun falou. Disse: "Usamos a técnica mais importante — a sinceridade das próprias pessoas". Ouvindo essas palavras, tive uma vertigem, como se fosse derrubado por uma onda gelada do mar. Senti uma espécie de formigamento na espinha; comecei a suar. Fiquei entorpecido e tonto, enquanto a minha mente parecia flutuar ou se expandir. Aquelas breves palavras foram diretamente ao âmago da compreensão espiritual, atravessando as limitações analíticas da minha resposta racional.

O segundo encontro memorável com o desânimo na prática do zen aconteceu em 1973, quando voltei ao Tassajara para um segundo período de treinamento, dessa vez como monge principal, ou shuso. Segundo a tradição monástica, eu era cronologicamente o próximo discípulo de Suzuki-roshi a assumir o posto de shuso. Novamente a IBM me concedeu uma licença de três meses. Nos mosteiros zen tradicionais, o monge principal deve dar o exemplo de conduta para os outros monges, e agir como líder espiritual na ausência do abade.

Muitos dos estudantes do Tassajara se mostraram céticos com relação ao meu papel ali. Vários se revelaram contrários a mim. Havia no ar o sentimento de que eu não era um autêntico estudante do zen, e certamente não um monge legítimo, pois trabalhava numa grande empresa e levava uma vida de classe média. Numa sessão de perguntas e respostas depois de uma das minhas palestras, um jovem gritou: "Como é que você pode trabalhar para aquela empresa bandida?"

Não acredito que a raiva dele fosse especificamente contra a IBM. Acho que ele estava exprimindo uma decepção genérica com as grandes empresas, que se mostravam indiferentes às pessoas e ao ambiente, às vezes ostentando uma atitude exploratória e nociva. Quem sabe ele me visse como parte dessa estrutura de poder. Na época, a maioria dos estudantes do Tassajara estava na casa dos 20 anos. Eu tinha 40. Talvez a diferença de idade e a distância cultural fizesse de mim um alvo natural da sua insatisfação em relação à falta de certa sensibilidade pessoal e coletiva nas instituições americanas. Ironicamente, eu me sentia como eles também. Depois de um período inicial de decepção com a sua indiferença, percebi que eu simplesmente poderia decidir não me deixar desanimar diante da incompreensão das minhas intenções. Concentrando-me no porquê de eu estar ali, experimentei deixar de lado o desânimo. Foi a mesma "técnica" que usei quando prospectava negócios para a IBM.

Anos mais tarde, participei de uma reunião no Tassajara e várias pessoas pediram desculpas pelo seu comportamento naquele inverno. Como uma mulher explicou, "Você estava fazendo na época o que estamos tentando fazer hoje". Ela falava de encontrar o ponto de equilíbrio entre praticar a espiritualidade, de um lado, e manter uma vida profissional e familiar, de outro.

Pode parecer estranho, mas lembro esses momentos de desânimo com um sentimento de gratidão, e não de fracasso. Pois foi nesses momentos dolorosos, de confusão e dúvida, que percebi como a mente cria os problemas, que aprendi o significado da determinação e da atenção.

O mito do progresso

Muitas pessoas que tentam praticar o zazen não continuam por muito tempo, geralmente porque acham que não estão saindo do lugar. Não percebem nenhuma mudança em si, não acham que estejam se tornando pessoas "melhores" nem alcançando algum ideal que têm em mente. Lembro-me da minha própria frustração com hábitos arraigados que não queriam ir embora. A minha impaciência com o zazen cedeu quando finalmente percebi que a prática espiritual não deve ser medida pela velocidade ou pela eficiência, e que o meu desejo de progresso não passava de mais um desejo.

Se nos sentimos desanimados com a falta de progresso espiritual, depois de semanas, meses, anos até, não precisamos pensar que a prática é que não está funcionando. Na verdade, quando tomamos consciência do desânimo, devemos nos animar com o perseverante esforço que fizemos até o momento. O nosso empenho contínuo é um reflexo da nossa sinceridade e da nossa determinação. Mostra que temos um sentimento profundo pela vida e que nos conservamos fiéis à prática sem nos desviar diante da incerteza. Essa mesma perseverança é a única medida real de progresso que precisamos.

Todos queremos nos sentir animados, um maravilhoso antídoto contra a dúvida e a ansiedade. Não gostamos de sentir que estamos perdendo tempo; queremos o reconhecimento positivo e inequívoco de nós mesmos e do nosso empenho. Por isso é natural que esperemos uma maior compreensão intelectual e revelações intuitivas mais profundas na prática espiritual, indícios de progresso que satisfazem a mente pensante, que saciam a sede de certeza racional.

Mas caso percebamos uma nova compreensão, um novo lampejo intuitivo, é preciso ter o cuidado de não nos orgulharmos daquilo que achamos que atingimos. O orgulho gera autocontentamento, ameaçando a determinação. Quando passamos a enfatizar a realização, ficamos menos pacientes e mais suscetíveis ao desânimo. Portanto, se pensamos que alcançamos alguma coisa, é importante não dar muita corda para esses pensamentos nem tentar nos apegar à empolgação que isso nos proporciona. A melhor coisa a fazer é simplesmente retomar aquela postura de estar pronto para o que der e vier, inclusive a possibilidade do desânimo.

A sociedade moderna enfatiza o progresso e a realização nas coisas do dia-a-dia. Mas esperar o progresso na prática espiritual é um equívoco. Não é necessário ficar preocupado com o "boletim" espiritual. Caso julguemos necessário medir o progresso espiritual, isso é um indício de que ainda não compreendemos que a espiritualidade já está completa. O zazen não se preocupa com progresso; é simplesmente a expressão da nossa inata completitude.

Portanto, seja como for que nos sintamos, temos simplesmente de continuar praticando o zen. Se nos sentimos animados, reconhecemos esse sentimento e perseveramos. Do mesmo modo, se nos sentimos desanimados, reconhecemos isso e perseveramos. Encontramos essa atitude na famosa anedota zen do "Buda quente, Buda frio", associada a Tozan, um dos fundadores da escola Soto Zen na China do século IX.

Segundo a anedota, um monge perguntou a Tozan:

— No inverno é muito frio. No verão é muito quente. Como evitar essas sensações?

— Por que você não vai para o lugar onde não há frio nem calor? — perguntou Tozan.

— Onde fica esse lugar onde não existe frio nem calor? — perguntou o monge.

— Quando estiver frio, seja um Buda frio; quando fizer calor, seja um Buda quente — respondeu Tozan.

O relato ilustra o espírito prático do zen. Significa que quando nos sentimos animados somos um "Buda animado", e quando estamos desanimados somos um "Buda desanimado". Tozan nos diz que, por maior que seja a nossa comodidade ou o nosso incômodo, jamais devemos deixar de ser Buda.

Nem sempre nos sentimos totalmente bem. O mundo à nossa volta muda. Muito raramente podemos saber o que virá. Basta que nos preparemos o mais completamente possível, e então avancemos. Quando a mente não está apegada a noções preconcebidas de como as coisas devem ser, pode enfrentar tudo o que vier a surgir. Então estamos prontos para aceitar o incômodo sem que nos desanimemos por causa disso. A prática do zen é um modo de reagir ao inesperado, de contemplar o mundo em constante transformação.

O desânimo acontece quando a mente se demora em decepções passadas, expectativas que não se cumpriram. Se temos consciência dessa origem, podemos usar o desânimo como alerta para despertar para algo que estamos trazendo na mente, algo que está afetando a nossa atitude em relação ao trabalho. A prática nos possibilita transformar o desânimo em algo positivo.

Da decepção à determinação

Quando realmente nos decidimos a fazer algo, não nos deixamos deter por dificuldades ou decepções. Não faz diferença se estamos trabalhando numa atividade científica, acadêmica, profissional, política, comunitária ou familiar. Não faz diferença se a dificuldade vem do desacordo com outra pessoa ou de alguma mudança imprevisível na situação. Quando verdadeiramente queremos fazer algo, simplesmente continuamos a busca por novas formas de concluir a tarefa, por alguma nova relação que dê certo. Quando estamos motivados, continuamos tentando mesmo em meio à decepção.

A determinação de perseverar é vital se pretendemos levar a vida segundo um ideal ou uma meta em que acreditamos. O nosso empenho tem de ser ininterrupto. Não podemos nos deixar deter pelas decepções. As decepções acontecem quando temos expectativas que não se cumprem. Às vezes as expectativas provêm de algo que rotineiramente acontece há muito tempo conosco ou na sociedade como um todo: tendemos a supor que essa rotina permanecerá imutável. Ou por vezes nutrimos expectativas quando combinamos alguma coisa com outras pessoas, confiando em que elas vão cumprir a promessa de fazer algo. Ter expectativas é bastante natural.

Se freqüentemente nos sentimos decepcionados porque as nossas expectativas não se cumprem, isso talvez signifique que estamos alheios ao modo como as coisas acontecem na vida, que não aceitamos a verdade de que as circunstâncias e as pessoas mudam, mesmo coisas e pessoas que sempre foram previsíveis. Se encaramos essas decepções como algo pessoal contra nós, achando que são culpa nossa ou que estamos sendo rejeitados por alguém, então elas certamente serão bastante problemáticas. Temos de saber como agir quando surgir a decepção.

Por isso praticamos a consciência dos acontecimentos comuns de cada momento. Praticamos a consciência da atividade da mente e das reações da mente ao mundo mutante.

Praticamos a dádiva da aceitação das atividades da mente. Convidamos essas atividades a entrar em casa: não as isolamos. Então podemos dar a mesma dádiva à mente das outras pessoas. Podemos convidá-las a entrar na nossa casa, ouvindo e aceitando.

Não tentamos transcender a natureza humana por meio da prática do zen, nem lutamos para alcançar algum ideal de perfeição. Mesmo quando temos alguma decepção, continuamos a estimular a completa expressão da atividade da vida momento a momento, em meio às imperfeições humanas. A determinação é um modo de expressar a perfeição inata, um modo de oferecer a dádiva dessa perfeição inata aos outros.

Como encontrar o equilíbrio

A vida é às vezes muito confusa. E às vezes também muito dolorosa. Assim, naturalmente, tentamos evitar a confusão e debelá-la assim que ela surge. Além disso, muitas vezes tentamos ignorar a confusão. Porém, na prática do zen, não ignoramos a confusão quando ela surge; na verdade nós a acolhemos bem. Quando durante a prática surge a confusão, isso significa que descobrimos algo novo. A sensação de confusão é um indício de que estamos tentando compreender algo. Por isso acolher bem a confusão é de fato uma demonstração de sabedoria. Mas para acolhê-la, para estar preparado para enfrentá-la, é preciso conhecer a sua natureza.

Às vezes ficamos confusos diante das relações das coisas, dos acontecimentos e das pessoas na relatividade do cotidiano. Às vezes ficamos confusos diante da natureza da Realidade Absoluta, que transcende o cotidiano. Precisamos debelar esses dois tipos de confusão. Não podemos realmente mitigar a confusão que surge no cotidiano se nos vemos confusos diante da Realidade Absoluta. E não podemos compreender a natureza da Realidade Absoluta se não nos dispusermos a enfrentar a confusão que surge no cotidiano.

Os seres humanos criaram diversas crenças religiosas e filosofias que ajudam a eliminar a confusão acerca da Realidade Absoluta. Tentamos moldar diversos sistemas de pensamento que proporcionem algo substancial a agarrar. Essas crenças são como alças de apoio para os passageiros de um metrô ou de um ônibus, algo em que podemos nos segurar para não cair.

No dia-a-dia, usamos o intelecto para eliminar a confusão. Racionalmente resolvemos problemas, consertamos coisas, organizamos as situações da vida. Assim, naturalmente cremos que podemos usar o intelecto, que resolve os problemas do dia-a-dia, para eliminar qualquer confusão que tenhamos acerca da Realidade Absoluta. Mas os equívocos acerca da Realidade Absoluta foram criados pelo intelecto. Quando ficamos impressionados com uma idéia que ouvimos, lemos ou analisamos, nós a aceitamos. Então, querendo acreditar nessa idéia que intelectualmente aceitamos, ficamos apegados a ela, investimos emocionalmente nela. Em outras palavras, criamos uma alça de apoio para a mente.

Quando éramos crianças, eu e os meus amigos gostávamos de ficar de pé no metrô de Nova York sem segurar em nada. Fazíamos isso para testar o nosso equilíbrio, enquanto o trem balançava, acelerava e freava. Tínhamos de ficar atentos, ajustando rapidamente o equilíbrio.

Os passageiros de um trem ou ônibus em movimento seguram nas alças para ter segurança. Apegar-se a uma idéia ou crença também pode nos dar uma sensação de segurança, mitigando a confusão. Mas aferrar-se desnecessariamente a idéias e crenças é uma forma de ilusão. Esse apego fecha a mente e a impede de enxergar algo novo. Assim, para compreender a Realidade Absoluta, temos de abandonar os nossos apegos, as nossas crenças e o nosso intelecto. Temos de abandonar a alça e achar o nosso equilíbrio natural em cada momento.

Debelar a confusão na relatividade do cotidiano é tarefa difícil. Temos de estudar as situações, tomar decisões, assumir riscos, cometer erros, avaliar e recordar as experiências passadas, às vezes parar o que estamos fazendo e tentar outro caminho. E temos de estar prontos para enfrentar situações novas e desconcertantes. Elas surgem continuamente só por estarmos vivos. É o mesmo para todas as criaturas. Quando enfrentamos a confusão do cotidiano com determinação, em vez de ignorá-la, adquirimos experiência para lidar com a próxima situação. É uma forma de treinar para encarar o que vier pela frente.

Debelar a confusão acerca da Realidade Absoluta é tarefa igualmente difícil, mas não pela mesma razão. Não podemos usar o intelecto para compreender a Realidade Absoluta. Pelo contrário, temos de abrir mão do intelecto. Mas não é fácil deixar de lado o intelecto e o ego. Só passaremos a buscar formas de debelar a confusão acerca da Realidade Absoluta quando admitirmos que o apego obstinado a idéias não funciona.

Dogen escreveu que devemos "estabelecer a prática em meio à ilusão". Ele queria dizer que começamos a praticar quando nos sentimos confusos acerca da Realidade Absoluta, quando nos sentimos desequilibrados. A princípio, pensamos que precisamos de uma alça para manter o equilíbrio. Mas com a prática aprendemos que é preciso largar a alça, para então encontrar o equilíbrio inato. Em outras palavras, temos de viver no meio da nossa confusão se queremos resolvê-la. Não podemos simplesmente aplicar crenças preestabelecidas a alguma nova descoberta, alguma nova confusão. É difícil largar a alça; resistimos à idéia. A mente às vezes reluta muito em abandonar uma crença que lhe é cara.

Mas para encontrar o equilíbrio, a confiança em si mesmo, é preciso largar a alça. Quando estamos equilibrados, não há confusão sobre a Realidade Absoluta. Quando conservamos o equilíbrio espiritual no cotidiano, as suas confusões não se revelam confusões reais. Equilíbrio espiritual significa enfrentar novas situações com confiança. Significa acolher bem a confusão.

capítulo 7

Relacionamentos

Uma quarta semelhança entre o trabalho e a prática do zen surgiu quando percebi que quase tudo o que eu fazia no trabalho acontecia dentro de uma rede de relacionamentos. Mesmo trabalhando só, eu sentia que nenhuma das minhas atividades jamais se dissociava das outras pessoas e daquilo que elas faziam. As nossas tarefas estavam relacionadas por meio de um tácito senso mútuo de propósito. Teias de relacionamentos constantemente em evolução permeavam a organização como um todo. Eu sentia que essa característica do trabalho numa grande empresa, e no mundo profissional em geral, espelhava a compreensão budista da inerente interligação de todas as coisas.

Passei a reconhecer mais a importância dos relacionamentos profissionais num diálogo de que participei numa das aulas do mestrado na Santa Clara University. O professor, dr. Lawrence Lockley, perguntou à turma de *marketing*:

— Qual o principal objetivo de um negócio?

A turma deu várias respostas distintas, de fundo econômico e social:

— Lucrar.

— Dar um bom retorno do investimento aos donos do negócio.

— Gerar bens ou serviços úteis.

— Criar empregos.

O professor agradecia cada resposta dada. Mas não fazia comentários. No final da aula de uma hora, a turma ainda não havia encontrado a resposta que ele queria. Voltamos à questão na semana seguinte. Novamente ele agradecia, mas se recusava a avaliar as nossas respostas. Admirávamos aquele professor inteligente, inspirador e simpático, que, além de tudo, era um economista respeitado, cujas opiniões apareciam regularmente numa publicação mensal. Assim, avançávamos às apalpadelas em busca de uma resposta que provocasse uma reação positiva. Quando finalmente esgotamos todas as possibilidades, ele nos disse simplesmente: "O objetivo de um negócio é sobreviver".

O seu comentário provocou surpresa, pois implicava que os negócios têm os mesmos instintos fundamentais de todos os seres vivos. Na discussão subseqüente, ponderamos que uma empresa precisa se preocupar com o contínuo processo de sobrevivência, assim como qualquer pessoa, planta ou animal. Consideramos vários aspectos dessa filosofia.

Talvez o mais importante tenha sido a percepção de que o negócio precisa permanecer suficientemente flexível para se adaptar às mudanças do seu hábitat. Não houve discordância quanto aos perigos do não reconhecimento da mudança ou da relutância em se adaptar às novas circunstâncias econômicas ou mercadológicas.

Numa perspectiva primitiva, a concepção de sobrevivência de um negócio implica que o empreendimento ameaçado pelo fracasso pode recorrer a medidas drásticas, como dispensas temporárias de empregados e até mesmo condutas predatórias, antiéticas, para evitar a extinção. O clima emocional da turma subiu nitidamente quando passamos a discutir e examinar as responsabilidades públicas e sociais de um empreendimento.

Sobrevivência também significa que o negócio demanda uma perspectiva de longo alcance, que enfatize a continuidade no futuro, sem se limitar a objetivos de curto prazo. Então debatemos a idéia de abandonar o desejo de lucro rápido com vistas a investir a longo prazo. Anos mais tarde percebi que essa concepção era coerente com a ênfase que o zen dava à natureza contínua e infindável da prática espiritual, e não ao objetivo pessoal único.

Discutimos que a sobrevivência de qualquer organismo depende da sua boa saúde, e que a saúde de uma organização, por sua vez, depende do contínuo cultivo dos seus relacionamentos — clientes, fornecedores, os colegas de trabalho, até competidores e órgãos do governo. Também ponderamos a necessidade que tem a organização de cuidar dos recursos que a sustenta, de evitar abusar ou poluir esses recursos, de manter o equilíbrio desses recursos, para poder assim sobreviver. A nossa discussão acadêmica, que começou com a investigação dos objetivos dos empreendimentos, reforçou a experiência profissional

RELACIONAMENTOS

que eu tinha da necessidade de compreender, relacionar-me com e continuamente cuidar do ambiente que sustenta o trabalho e a vida.

Questão de confiança: um relato

Chegando ao serviço na manhã de segunda-feira, encontrei um colega me esperando no meu escritório; no rosto um ar carregado. Mike e eu havíamos trabalhado juntos em vários projetos ao longo dos anos. Sempre tínhamos nos dado bem. "Você pode me ajudar a resolver um problema?", perguntou ele. "É algo que me incomodou o fim de semana inteiro."

Era final dos anos 60, muitos anos antes do surgimento dos terminais *on-line*, dos microcomputadores, das estações de trabalho. O onipresente cartão perfurado ainda era o principal método de entrada de dados nos computadores e máquinas de calcular. Muitas aplicações administrativas — relatórios, gráficos, análises numéricas — ainda eram feitas com máquinas de escrever e calculadoras. O grupo que eu gerenciava tinha as funções de dar consultoria, identificar e solucionar problemas. Dávamos suporte aos departamentos técnico e administrativo do laboratório de desenvolvimento de produtos da IBM em San Jose, criando e aperfeiçoando novos procedimentos para coletar, processar e analisar informações mercadológicas e financeiras. Mike viera procurar ajuda no lugar certo.

O gerente de Mike lhe pedira para providenciar mais informações de controle de estoque. Ele explicou o complicado método que usava então para atualizar os registros do estoque do seu grupo de engenharia. Ele não via como o seu sistema atual — que usava cartões, cálculos manuais e relatórios datilografados — poderia proporcionar novas informações sem enorme dificuldade.

O pedido do Mike foi informal, entre amigos; concordamos que não precisávamos fazer da questão um projeto grandioso. Dediquei ao problema algumas horas durante os dias seguintes. Antes do final da semana já havia bolado uma solução razoável. Expliquei ao Mike o sistema e lhe passei as anotações manuscritas e alguns diagramas.

— Quer que eu mande datilografar? — perguntei.

98 ZEN NO TRABALHO

— Não, não precisa. Eu consigo entender — respondeu ele. — É só para eu mesmo usar.

Vários meses depois, fiquei sabendo casualmente que Mike implantara o novo procedimento que eu lhe havia dado, e depois ainda pedira e recebera uma recompensa em dinheiro da IBM. A partir das minhas anotações, ele havia preparado uma proposta por escrito, feito uma apresentação à gerência e conseguido algumas centenas de dólares de prêmio, com base numa estimativa de economia de milhares de dólares.

Fiquei furioso. Sem me dizer nada, Mike havia desenvolvido um procedimento formal a partir das minhas anotações, apresentando-o como trabalho dele. O problema nem era o dinheiro. Eu estava bravo porque Mike havia traído a minha confiança, usando secretamente o meu auxílio para obter um benefício para si. Fiquei irritado, pensando que para ele o dinheiro e a ambição eram mais importantes do que o nosso relacionamento profissional. Em vez de se mostrar grato pela minha ajuda, ele havia me enganado.

Eu queria vingança. Só a idéia de ir à forra já me fazia sentir melhor. Eu já o imaginava constrangido, denunciado como trapaceiro, punido pela IBM por desonestidade. Nos dias seguintes fiquei tramando uma forma de retaliar. Não contei a ninguém o que havia acontecido. Mas então a raiva que eu sentia começou a arrefecer, e comecei a ter dúvidas a respeito desse meu sentimento. Perguntas perturbadoras se formaram na minha mente: "O que você espera alcançar com a vingança? O que é que ir à forra realmente significa para você?"

Essas perguntas não saíam da minha cabeça. Tentei me convencer de que a indignação era justificada, mas o tormento persistia, forçando-me a enfrentar as minhas emoções e os meus motivos. O que realmente eu queria, percebi enfim, era ver o Mike magoado, para poder aliviar a minha própria mágoa. Eu queria transferir o meu sofrimento para ele.

Examinei a minha mágoa. Será que eu estava realmente sofrendo? Quem é que estava realmente magoado? Eu *achava* que estava sofrendo: sentia raiva e dor. Mas examinando mais de perto aquilo que realmente doía, percebi que a única ferida estava no ego. Eu via a traição do Mike como uma maneira cínica de dizer: "Você não é meu amigo de verdade, por isso posso me aproveitar de você". Mas a minha imagem mental machucada — composta de desejos, lembranças e fantasias

RELACIONAMENTOS   99

— não tinha realidade palpável, e portanto nada estava realmente magoado ou sequer ameaçado. Se eu estava sofrendo, era porque eu mesmo me fazia cativo da querida imagem que o meu ego tinha de si mesmo. Eu mesmo decidia sofrer! Quando essa idéia me ficou clara, a nuvem da zanga evaporou.

Pensando mais racionalmente, percebi que tentar denunciar o que Mike fizera só geraria obstinação e rancor. Se eu "fosse à forra" contra ele, ele provavelmente iria querer também "ir à forra" contra mim. Teríamos dificuldade para trabalhar juntos no futuro.

Percebi que ir à forra na verdade não funciona. Ao longo da História, as famílias, as sociedades e as nações usaram a vingança como meio de estabelecer a "justiça", mas isso só gerou guerra e mais sofrimento. Esse tipo de "acerto de contas" nunca acerta realmente as contas; um dos lados é sempre o conquistador, e o outro, o conquistado. Depois do confronto, há sempre um vencedor e um perdedor.

Mas essa compreensão intelectual da futilidade da estratégia de ir à forra não bastou para mim. Eu achava que tinha de fazer alguma coisa, encontrar uma forma criativa de reagir à desonestidade, não para mim mesmo mas para todos, pois se o abuso tem trânsito livre, destrói a comunidade e também os indivíduos. Como era impossível consertar o passado, como substituir uma janela quebrada ou remendar o buraco de uma parede, pensei no futuro. Fui ver Mike.

Encontrei-o no seu escritório. Ele se pôs de pé, estendeu a mão para me cumprimentar, a sola das suas botas de caubói tirando um som curiosamente surdo do linóleo do piso. Com um sorriso empolgado, exclamou:

— Ei, amigão, faz tempo que não te vejo. Senta aí. Como vão as coisas?

— Vou bem, Mike. E você?

Ao lado das caixas de cartões perfurados e formulários de computador, uma grande variedade de peças e componentes mecânicos entulhava o seu escritório. Mike era definitivamente um cara vidrado em máquinas. Tinha orgulho do seu carro importado, com o motor desproporcional que não deixava praticamente nenhum espaço sobrando sob o capô. A necessidade de retirar a chapa que separa o motor do banco dianteiro do carro para substituir as velas de número quatro e oito aumentavam o seu prazer de proprietário do carrão. Ele tinha uma foto do carro na parede, atrás da mesa. Estava fumando um Marca Petri, um dos deliciosos charutinhos pretos italianos. Aceitei acompanhá-lo no charuto, pois ele me oferecia um estendendo-me a caixa aberta.

— Diga, Mike: quando é que você vai me levar para dar uma volta no carrão? — arrisquei.

— Quando você quiser. É só marcar.

— Ótimo. Que tal almoçarmos juntos semana que vem?

— É só dizer o dia.

— Pode deixar. Viu, eu queria conversar contigo uma coisa — falei, acendendo o charuto. — Ouvi dizer que você ganhou um prêmio por aquele procedimento de controle de estoque sobre que conversamos algum tempo atrás.

— É, foi mesmo.

— Bom, eu acho que você não deveria ter requisitado esse prêmio.

— Como assim?

— Porque não foi você que resolveu aquele problema. Ao se candidatar ao prêmio você deu a impressão de que foi você. Não acho justo apresentar o trabalho de outra pessoa como o seu.

— Pelo que sei, trabalhamos juntos naquilo, e eu tinha o direito, sim, de receber o que recebi. Você está insinuando que eu me aproveitei de você...

— Sabe que a princípio eu pensei que sim. Fiquei louco de raiva por você ter colocado o seu nome num trabalho meu, depois de eu ter feito um favor para você. Fiquei tão bravo que pensei até em ir à forra. Mas você está certo. Pessoalmente, não perdi nada. Só que eu pensava que a gente era amigo, mas você me passou para trás. Eu preferia que você tivesse me dito o que pensava em fazer. É uma questão de confiança. Talvez eu até não gostasse, mas pelo menos você teria sido sincero comigo.

— Você está imaginando coisas — disse ele, já começando a ficar nervoso. — Não te passei para trás. Eu merecia aquele prêmio.

Eu não queria prolongar a discussão, mas tinha ainda uma coisa mais a dizer:

— Você pode até achar isso, mas eu não. Seja como for, não quero discutir. Só quero que você saiba que eu apreciaria muito que você fosse totalmente sincero comigo na próxima vez em que trabalharmos juntos.

RELACIONAMENTOS 101

Agradeci o charuto e fui embora.

Talvez Mike realmente acreditasse que o seu ato fora totalmente honesto. Ou quem sabe ele soubesse exatamente o que tinha feito, e estivesse na defensiva. De qualquer modo, achei que não havia nada a ganhar com uma discussão. Simplesmente queria que ele soubesse como eu me sentia e do que eu gostaria no futuro. Jamais voltamos a trabalhar juntos, portanto não sei se a nossa conversa fez alguma diferença.

Apesar da minha raiva inicial, a prática do zazen possibilitou que a minha mente se revelasse flexível e suficientemente aberta para aceitar uma nova forma de encarar a situação. Pude identificar em mim o equívoco da vingança e questionar a raiva e o valor de ir à forra. Sem a prática, o orgulho e a teimosia certamente me fariam criar uma situação péssima a partir de um problema apenas emocionalmente incômodo. Talvez até hoje eu guardasse rancor.

O Dalai Lama exorta o povo do Tibete a não odiar os conquistadores chineses. Ao invés, ele aconselha tratá-los com bondade. Que idéia radical essa de não guardar rancor contra o opressor! Mas por que ele diz esse tipo de coisa? Porque sabe que o desejo de vingança permanece como um fardo por toda a vida da pessoa, e ainda é transmitido às futuras gerações, produzindo mais sofrimento, manifestando aquilo que os budistas chamam de karma. Talvez seja por isso que a ganância, a raiva e a ilusão são conhecidas no budismo como os três venenos.

Não cortar relações

Quando ficamos decepcionados com algo que uma pessoa nos diz ou faz, é importante ter o cuidado de não cortar as relações com ela. Devemos tentar nutrir o relacionamento deixando de lado os nossos sentimentos de decepção ou mágoa. O relacionamento é mais importante que a promessa quebrada, que a mágoa que sentimos; portanto, temos simplesmente de tentar de novo para concluir a tarefa.

Quando estamos decepcionados, não adianta dizer: "Como ele é idiota!" Quando não estamos cegados pelas nossas expectativas, temos a chance de enxergar além da promessa quebrada e ponderar: "Talvez não tenha sido possível fazer do jeito que combinamos". E podemos pensar: "Como posso fazer para viabilizar a coisa?" Com esse tipo de mentalidade, podemos abrir um novo caminho para a conclusão da tarefa, criando uma nova perspectiva para o relacionamento. A pior coisa que podemos fazer é forçar a separação por causa do nosso desapontamento. Em outras palavras, não devemos fazer uma cirurgia desnecessária nos relacionamentos que parecem problemáticos. Devemos perseverar na prática, conscientes das emoções e das reações da mente à decepção. Desse modo, podemos compreender as tendências da mente e o modo como ela costuma fazer a cirurgia.

Se temos uma dificuldade crônica de relacionamento com alguém, é um equívoco tentar mudar a pessoa. Melhor é identificar e incentivar o que há de puro e criativo nela, encorajando essas virtudes pelo nosso reconhecimento e pela nossa aceitação. Isso nem sempre é tão simples, pois podemos facilmente nos deixar enredar nas emoções e nos medos dos outros. Nós nos enredamos por causa dos nossos próprios medos, porque a nossa mente não está vazia e preparada. Nós nos deixamos enredar pelas nossas próprias idéias e ilusões egoístas.

Na prática espiritual, não tentamos transcender a natureza humana. Simplesmente tentamos permanecer atentos às atividades da mente, ao modo como a vida se desenrola. Quando surgem na mente emoções ou desejos, devemos reconhecê-los a aceitar o fato de que eles surgem simplesmente porque somos humanos. Não podemos evitar que apareçam, portanto nem sequer tentamos. A prática do zen busca evitar que nos deixemos enredar por esses sentimentos, pois sabemos que eles atrapalham as relações com os outros.

Buscando a harmonia

A coisa mais importante da vida são os nossos relacionamentos uns com os outros. Só quando vivemos relacionamentos harmoniosos é que podemos ter liberdade. Dando prioridade aos relacionamentos, nos libertamos da idéia de um ego pequeno e evitamos a criação de limites imaginários entre nós e os outros. É por meio de

RELACIONAMENTOS 103

relacionamentos harmoniosos que exprimimos o nosso eu ilimitado. Essa é a melhor maneira de encontrar a verdadeira satisfação na vida.

Ficamos indiferentes aos relacionamentos quando nos preocupamos demais conosco mesmos, desviando a mente e o rosto das pessoas quando não conseguimos delas o que queremos. Não podemos encontrar verdadeira satisfação com essa atitude. Ser indiferente é um grande erro, pois a verdadeira prática é dar cuidadosa atenção a cada relacionamento.

Criar relacionamentos harmoniosos significa ter carinho pelas pessoas, exibir uma atitude benévola para com todos e tudo. Reconhecer que cada relacionamento é valioso nos dá a determinação de não levantar barreiras entre nós e os outros. Com essa mentalidade, sempre estamos prontos a abandonar as nossas idéias egoístas.

Criar relacionamentos harmoniosos muitas vezes demanda ajustes nas relações com os outros. Nem sempre nos "encaixamos" como peças de um quebra-cabeça, ou como a tampa cuidadosamente fabricada se ajusta à caixa. Talvez nos ajustemos bem em alguns aspectos do nosso relacionamento, mas não em outros. A prática do zen implica reconhecer essas diferenças. Se não o fazemos, enfrentamos atritos e dificuldades nos relacionamentos. Vivemos contínuos conflitos nos aspectos "desajustados" quando a mente se apega a alguma idéia fixa sobre o que devemos ter, ou sobre como as coisas devem ser. Assim, quando tivermos atritos com os outros, a melhor coisa a fazer é examinar as expectativas que temos em relação a eles. Fazer continuamente exigências inflexíveis às pessoas nunca vai criar harmonia.

Na prática do zen fazemos a mente fluida como água. Então ela naturalmente se ajusta a qualquer coisa. Quer esteja correndo quer esteja parada, a água sempre se ajusta ao meio. Não há como apontar uma separação entre a água e o meio em que ela está.

Muitas vezes deixamos que a mente se encha de interesses egoístas. Quando isso acontece, ela perde o seu caráter fluido. Reluta em admitir outros interesses, especialmente os problemas dos outros. Então relutamos em ver ou ouvir os outros, porque não queremos admiti-los na nossa mente abarrotada. Em vez de ser como a água, a mente fica dura como pedra. Assim, como ilhas, nos sentimos isolados, cercados de hostilidade e ameaçados de invasão. E cremos que precisamos estocar posses materiais e emocionais para defender a nossa ilha do cerco.

Quando transformamos a mente em ilhas fortificadas, talvez até nos sintamos seguros, mas também nos vemos cativos. Não podemos ter liberdade se estamos sempre defendendo a nossa ilha dos outros. Liberdade é compreender que inerentemente não existem ilhas. É compreender que não existem fronteiras entre nós e os outros. A nossa liberdade inata se exprime em relacionamentos harmoniosos.

Expressar a espiritualidade não é sinal de fraqueza. Pelo contrário, é expressar a nossa compreensão. Significa que sabemos quem somos e que temos confiança em nós. Espiritualidade é a expressão de uma mente fluida. Quando isso acontece, é fácil manter relacionamentos harmoniosos.

A prática espiritual é o empenho de manter a mente pronta, vazia de interesses egoístas. Estar vazio de interesses egoístas não significa deixar de cuidar dos detalhes da vida pessoal. Significa simplesmente não criar barreiras artificiais contra os outros. Ao mesmo tempo cuidamos de nós mesmos e uns dos outros. Assim, quando trazemos a mente vazia, na verdade estamos ajudando os outros a esvaziar também a sua mente.

Identificando as arestas dos relacionamentos, naturalmente nos ajustamos aos outros. Então, quando reagimos positivamente às pessoas e nos dispomos a aceitá-las, realmente passamos a encorajá-las. E as incentivamos a fazer o mesmo. A prática do zen não nos incentiva a nos afastarmos das pessoas difíceis, ou das pessoas que não nos dão o que queremos. A prática do zen é um contínuo esforço por encontrar o ajuste entre as pessoas.

O mundo dos negócios evita a associação com qualquer religião. Porém, essa sábia política não significa que precisamos ter medo de exprimir a espiritualidade no trabalho; significa, sim, que temos de compreender o verdadeiro sentido dessa expressão. Não é exprimir convicções religiosas pessoais. É demonstrar a compreensão da santidade de todas as coisas no modo como cultivamos os relacionamentos e executamos as tarefas.

No trabalho, não falamos filosoficamente sobre "poder sobrenatural e atividade maravilhosa". Usamos a linguagem de "tirar água do poço e carregar lenha", a linguagem das atividades cotidianas: planejar, varrer, projetar, cozinhar, vender, escrever, servir, codificar, pintar, montar, testar, negociar, lecionar, resolver problemas, carregar o caminhão. A expressão da prática espiritual aparece disfarçada dessas atividades comuns, cotidianas.

O jardim do vazio

Dos relacionamentos com as coisas e com as pessoas, surge algo novo. O mundo fica muito insípido se só enxergamos as coisas separadamente, como a lua sem as nuvens, as montanhas sem o céu ou as pessoas sem as outras pessoas. Se olhamos uma árvore, uma flor, uma pessoa ou a lua, cada qual separadamente, como uma série de *slides*, não só ficamos entediados mas inquietos também, enxergando somente um mundo de separação. Não podemos realmente prezar a vida se só vemos as coisas individualmente, porque não é essa a sua natureza fundamental.

O jardim existe porque as flores, os arbustos, a relva e as árvores se relacionam entre si. A flor tem a forma de uma flor, e ao mesmo tempo a flor é vazia. Inerentemente, é informe. Se a flor insistisse em se conservar "ela mesma", não existiria jardim. Do mesmo modo, uma nação, uma comunidade ou uma família existe porque as pessoas se relacionam entre si. Quando abandonamos o nosso pequeno ego, travamos bons relacionamentos. Mas se insistimos em ser estritamente "nós mesmos", ou seja, se nos aferramos à noção de quem somos, criamos barreiras e nos separamos dos outros. Não podemos, porém, insistir na separação porque inerentemente vivemos sempre em relacionamentos. A nossa natureza vazia demanda que estejamos continuamente nos relacionando.

Comunidades, famílias, nações e jardins existem verdadeiramente quando não há obstinação. A proposta budista é praticar com os outros e fundir-se à comunidade. Ao mesmo tempo, temos de nos empenhar por expressar o nosso ser no dia-a-dia. O suporte da nossa prática cotidiana é a firme fé nas nossas inerentes relações com todas as coisas. Quando temos essa fé, qualquer coisa que fazemos é expressão da nossa natureza fundamental.

A prática do zazen se baseia na nossa inerente vacuidade. Como nada é permanente, não existe objeto de apego. Sem essa compreensão, a prática é limitada: visa alcançar uma meta pessoal. Mesmo quando achamos que alcançamos a nossa meta, se o sentimento não se baseia na verdadeira compreensão, a prática não pode ajudar. O nosso empenho tem de se basear na nossa natureza fundamental, na mente vazia que está sempre pronta a se relacionar com alguém ou algo. O sentido que fundamenta o nosso empenho é a apreciação da verdadeira natureza da nossa prática nas relações com as pessoas e as coisas.

Uma coleção aleatória de plantas não gera um jardim, mesmo que cada uma delas seja muito bela. Elas precisam ter alguma relação entre si para criar um jardim equilibrado, estável.

Caso de política: um relato

Ray, o meu gerente, entrou lentamente no meu escritório naquele morno dia de verão de 1973. Sem nada dizer, fechou a porta, sentou-se cuidadosamente e, com precisão incaracterística, apoiou os pés na minha mesa. Ele parecia estar sempre nessa posição, mesmo quando trabalhando sozinho no seu gabinete. Era a marca registrada do seu jeito sossegado. Ele era um homem trabalhador e de poucas palavras; estava na casa dos 50 anos, na IBM há mais de 25. O seu estilo de gerenciar era pragmático e descontraído. Pouco interessado em poder, pouco ambicioso, era fácil se dar bem com ele; tinha um senso de humor sutil, embora eu às vezes me visse obrigado a arrancar isso dele. Eu gostava do Ray, como pessoa e como gerente.

Sem me olhar no olho, mexendo desinteressadamente nalguns papéis da mesa, ele me disse que eu tinha de rebaixar a avaliação de desempenho do Paul, um dos jovens do meu departamento. Explicou, também um tanto distraidamente, que o novo presidente da nossa divisão havia analisado as estatísticas de desempenho dos funcionários, concluindo que as notas dadas aos profissionais estavam artificialmente elevadas. Numa carta executiva à alta gerência da divisão, o presidente

RELACIONAMENTOS 107

resumiu a sua crença de que os gerentes não estavam incentivando os seus funcionários a alcançar um padrão elevado de produtividade e qualidade, mas estavam muito complacentes na avaliação do desempenho profissional.

Fiquei espantado. Não consegui compreender como é que dados estatísticos podiam levar um executivo a concluir que centenas de gerentes competentes estavam deixando de exercer a liderança que deles se esperava. Na melhor das hipóteses, os números indicavam que as avaliações podiam estar artificialmente altas. Mas essa primeira impressão que o presidente teve da competência dos gerentes da IBM tinha de ser verificada por uma investigação mais cuidadosa. O novo presidente tinha reputação de homem de decisões firmes, mas eu achava prematura a tal carta executiva.

Além disso, mesmo que as avaliações estivessem em geral realmente elevadas demais, seria injustiça rebaixar retroativamente a avaliação do desempenho de Paul — ou de qualquer outro — por algo que ele não havia feito. Não só seria injusto com o Paul, mas também uma decisão profissional equivocada. Paul ficaria descontente e muito provavelmente contaria aos outros o que acontecera; o moral do departamento sairia prejudicado, afetando a produtividade, a criatividade e a qualidade. Perguntei ao Ray:

— Por que você escolheu o Paul para Cristo? Já faz um mês que fiz a avaliação do desempenho dele, e você a aprovou na época.

— Ele não foi escolhido para Cristo. E um mês não é muito tempo para mudar a avaliação.

— E se fossem três meses?

— Aí seria diferente.

Eu não via diferença entre um mês e três meses: o rebaixamento retroativo da avaliação era injusto se a nota original para o desempenho foi considerada correta. Agora aquela conversa já me deixava confuso. A IBM tinha a filosofia de tratar os empregados com justiça, e era reconhecida por isso. Os gerentes eram treinados para ser imparciais e sinceros. Eu valorizo essa virtude humana; torna a grande empresa um lugar seguro de trabalhar, um lugar onde se pode confiar nos gerentes. Era uma das coisas que me fazia gostar de trabalhar ali. Fiquei decepcionado com aquilo que o meu chefe estava me dizendo, com aquilo que ele me pedia para fazer. Argumentei novamente que aquilo seria um erro.

Apesar dos meus argumentos, o Ray insistiu no rebaixamento da nota do Paul. Continuei insistindo que fazer isso seria prejudicar o Paul e também todo o ambiente de trabalho. Apesar da discussão, não houve rispidez; tentávamos argumentar um com o outro. Mas chegamos a um beco sem saída, e decidimos ir falar com o chefe dele.

John também já tinha os seus 50 e tantos anos, e estava na IBM há muito tempo. Ele também era um homem prático e informal. Mas era diferente de Ray num aspecto: era ambicioso e politicamente bastante astuto. Isso não me impedia de gostar dele. De fato, eu o havia recomendado para o cargo que ele ocupava na época — chefe do meu chefe — durante um remanejamento que houve na empresa dois anos antes.

John foi ainda mais insistente que o Ray. Impacientemente, ele desprezou o meu argumento contra o rebaixamento retroativo, dizendo que tínhamos de fazer algo *já*. Perguntei quem é que queria ver as avaliações rebaixadas para mudar as estatísticas: o novo presidente ou o próprio John. A resposta dele: "Qual é a diferença? Os gerentes precisam ficar unidos".

Expliquei que John estava me pedindo para fazer algo injusto com Paul, que poderia destruir a confiança que eu havia cultivado com as pessoas do meu departamento. Ressaltei a ironia: se eu fosse contra a minha consciência e o meu juízo, fazendo o que me pediam, a IBM responsabilizaria a *mim* pela queda do moral do grupo e a conseqüente redução da produtividade.

Mas John não estava disposto a flexibilizar. Pelo contrário, dava a entender que o que ele estava me pedindo era absolutamente necessário. Ficou claro para mim que ele não queria desagradar o seu chefe. Por fim, falou: "Se você não puder fazer, arrumamos alguém que faça".

Estávamos longe de um acordo. Com essa frase, os ânimos se acirraram mais. Porém, até aquele momento, a discussão fora impessoal, uma diferença de opinião normal, dentro dos limites diplomáticos propugnados pela IBM. Agora, a ameaça do John sinalizava que a discussão acabara, deixando-me diante de uma decisão difícil: comprometer os meus princípios ou perder o cargo.

Normalmente, John não era um homem insensato. Nesse caso, porém, eu achava que ele não estava enxergando a injustiça que me pedia. Ou talvez até enxergasse, mas não estava disposto a enfrentar o seu chefe. De qualquer modo, me senti traído pelo sistema, que enfatizava a

RELACIONAMENTOS 109

justiça e a sinceridade nas relações entre os empregados. Resolvi bater o pé. O sangue me subiu ao rosto quando, um tanto nervoso, disse que não poderia fazer o que ele estava me pedindo por achar a medida antiética e pouco inteligente. Saí do escritório de John certo de que logo teria outro cargo. Uma semana mais tarde houve um remanejamento na empresa, e fui relocado para outro posto. Poucos dias depois, o novo gerente de Paul rebaixou a sua avaliação.

Eu sabia que a política empresarial muitas vezes impõe decisões difíceis e influencia a carreira dos profissionais, mas o que me aborreceu foi que nesse caso a política personalista espezinhou a justiça e o bom senso. Pensei até em deixar a IBM, mas sabia que seria um gesto fútil. Como protesto, nada mudaria. Além disso, essa política personalista existe em todo lugar. Onde eu poderia buscar me esconder dela?

Apesar de incidentes desse tipo, provocados por ambições pessoais e pela gana de poder, a IBM era inerentemente uma organização ética. Teria sido um erro condenar toda a empresa por esse episódio. Concluí que havia feito o que acreditava ser o mais certo numa situação espinhosa.

Várias semanas depois do incidente, porém, percebi que eu havia cometido um erro. Ameaçado por um ultimato, resolvi insistir na minha posição de "dono da razão", assumindo uma postura que não abria espaço para a continuidade da discussão. Uma reação melhor, mais flexível, seria ter dito: "Tem certeza de que não temos alternativa?" e depois: "Então me ajudem a encontrar a melhor maneira de fazer isso". Talvez não encontrássemos uma maneira melhor, mas me obstinando naquela posição acabei jogando fora a oportunidade de tentar.

Na verdade perdi de vista a razão da discussão com a minha chefia. A preocupação com a injustiça contra Paul se transformara na defesa dos meus valores. Perdi a mira, preocupado menos em evitar um sofrimento desnecessário do que em me manter aferrado a um princípio abstrato. Em algum momento eu deveria ter percebido que não iria vencer a discussão, de que não haveria concessões. Diante da inevitabilidade do rebaixamento da avaliação do Paul, teria sido melhor eu mesmo concordar com a desagradável tarefa, em vez de deixá-la para o novo gerente. Paul e eu éramos bem ligados. Eu poderia ter explicado para ele que o incidente não afetaria a sua carreira no longo prazo, e, como ele confiava em mim, talvez eu conseguisse aliviar um pouco da sua decepção. Acima de tudo, eu continuaria gerente dele, na melhor posição para reparar a injustiça assim que possível. Mas deixei que as minhas emoções e o meu ego atrapalhassem as coisas, e assim ambos perdemos.

Nesse caso, não percebi que eu não precisava encarar a situação como uma escolha entre duas opções mutuamente excludentes, pois esse idealismo não precisa entrar em choque com a realidade nas coisas do dia-a-dia. Tanto a compaixão (a nossa reação ao sofrimento) quanto o pragmatismo (fazer o que é necessário numa dada situação) podem se exprimir nas complexas circunstâncias do cotidiano pela compreensão das aspirações e dos interesses das pessoas com que trabalhamos, e pela antevisão das conseqüências a longo prazo, as ondulações sempre mais amplas dos nossos atos no presente. A consciência é o prelúdio para o cultivo de relacionamentos criativos e úteis, preparando o terreno para que a pessoa fale e aja com habilidade. É possível cultivar esses relacionamentos não pela aplicação de técnicas perspicazes ou pela análise das personalidades, mas simplesmente pela estratégia de deixar de lado as emoções e prestar atenção ao que está ocorrendo em cada situação. Porém, na pressão do cotidiano, a mente pode se fechar e se deixar cegar pelos próprios medos e desejos. Foi o que deixei acontecer comigo.

Paul saiu da IBM seis meses depois, para começar uma nova carreira no mercado imobiliário. Logo passou a mexer com loteamentos e construção, e estava muito bem na última vez em que falei com ele. A sua saída foi uma perda para a IBM, e para mim também.

capítulo 8

A aventura continua

Em 1977 o Haiku Zendo já era pequeno demais para acomodar as tantas pessoas que queriam participar da programação da noite de quarta-feira, a noite da palestra semanal de Kobun. Estacionar o carro também era um problema. Assim o grupo decidiu que era hora de mudar para um lugar maior, arrumar um local coletivo que oferecesse mais espaço.

Começamos uma campanha para arrecadar fundos, e em dois anos tínhamos dinheiro suficiente para comprar duas propriedades. A primeira tinha vários acres, numa área das montanhas de Santa Cruz, além de Los Gatos, em que pouco antes funcionara uma escola secundária alternativa. Essa se tornou a "sede campestre", que batizamos de Jikoji. Além disso, achamos uma pequena igreja à venda não muito longe do centro de Mountain View. Tornou-se a nossa "sede urbana". A essa demos o nome de Kannon Do, ou "Lugar de Compaixão".

Começamos a usar o Kannon Do no outono de 1979, depois de trabalhar durante o verão na conversão da igreja pentecostal num salão de meditação. Várias pessoas ainda moravam na sede campestre, e por isso o Jikoji só foi se tornar um local de retiro quase dois anos depois. Kobun era o mestre nas duas sedes. Por estar localizado bem no coração do densamente povoado vale de Santa Clara, acessível via ônibus e trem e a quinze minutos de carro para a maioria dos membros do grupo, o meu interesse maior era no Kannon Do. Muitos tinham a mesma opinião, mas outros antigos membros do Haiku Zendo preferiam a atmosfera rural do Jikoji.

No Kannon Do, continuamos a meditação matinal e também as programações de quarta-feira à noite e do sábado de manhã. Os retiros de meditação eram realizados nas duas sedes. Kobun participava dos retiros no Jikoji, e eu funcionava como elemento aglutinante no Kannon Do. Kobun continuava a dar as palestras da quarta-feira à noite no

Kannon Do. Com o tempo, porém, ele me pedia para substituí-lo cada vez mais nas palestras semanais.

Ao final de dois retiros de meditação simultâneos e separados em abril de 1983, os dois grupos se reuniram no Jikoji para uma cerimônia informal de encerramento. Estando todos reunidos no salão de meditação, Kobun me pediu que ficasse com ele no centro da sala. Então anunciou: "A partir de hoje, Les é o professor do Kannon Do". E me deu de presente o tradicional bastão usado pelos mestres zen. Fiquei tão pasmo que nem reagi. Depois de alguns instantes, ele agarrou o meu braço e enfiou o bastão na minha mão. O anúncio chocou a todos. Ele não havia dado nenhuma indicação de que tinha essa idéia em mente.

Daí em diante Kobun raramente aparecia no Kannon Do. Cabia a mim imaginar uma forma de dar seqüência à prática espiritual dos mestres zen originários do Japão, proporcionar um ambiente que incentivasse a prática. Muitas das pessoas que consideravam Kobun o seu mestre espiritual deixaram de freqüentar o Kannon Do. Durante mais ou menos um ano, coube a uma meia dúzia de pessoas continuar a prática e disponibilizá-la aos recém-chegados. De segunda a sexta-feira, eu geralmente me via sozinho no zazen das cinco e meia da manhã. Os nossos primeiros retiros de meditação tiveram duas ou três pessoas. Mas pouco a pouco, mais pessoas foram descobrindo o Kannon Do.

No final de 1983, Kobun me disse que já era hora da transmissão do dharma. Essa cerimônia reconhece a capacidade docente e a autonomia de um monge zen. É uma cerimônia privada, face a face, muito semelhante a uma iniciação, simbolizando ao mesmo tempo a transformação do monge num novo mestre e a continuação da linhagem.

Na tradição zen, o reconhecimento de que o monge está pronto para ser independente só pode ser feito pelo seu mestre. Por isso fiquei surpreso quando Kobun me disse que a transmissão do dharma seria realizada no Japão, pelo filho e sucessor de Suzuki-roshi, Hoitsu Suzuki-roshi. Eu disse a Kobun que achava que ele fora o meu mestre formal desde a morte do Suzuki-roshi, pois eu e ele praticamos juntos por muitos anos. Mas ele retrucou que o melhor era não trocar as linhagens, e que a sua linhagem não era a mesma de Suzuki-roshi. Explicou ainda que prometera a Suzuki-roshi que cuidaria de mim até que eu estivesse pronto.

A AVENTURA CONTINUA   113

Foi então que entendi por que Kobun jamais pretendeu ter comigo uma relação formal de mestre e aluno, pois não queria tomar o lugar de Suzuki-roshi. Assim, durante aqueles quase treze anos, ele havia deliberadamente mantido certa distância entre nós, me evitando para que eu não o considerasse o meu mestre, mas fosse aprendendo por conta própria. Ele me forçou a fazer as minhas próprias descobertas.

Lembrei a Kobun que eu era praticamente um estranho para Hoitsu Suzuki, pois me encontrara com ele só brevemente durante a doença do seu pai. Será que Hoitsu concordaria em realizar essa importante cerimônia, que tradicionalmente se baseia em anos de prática íntima e conjunta? Kobun concordou em ligar para Hoitsu no Japão e explicar a situação. Uma semana mais tarde, ele me disse que tudo já estava acertado e que eu mesmo deveria entrar em contato com Hoitsu para agendar as datas da visita. Hoitsu nos convidou, eu e Mary, para ficar duas semanas no templo da sua família, o Rinsoin, na cidade pesqueira de Yaizu, perto de Shizuoka, a meio caminho entre Tóquio e Quioto, na costa leste do Japão.

Eu e Mary fomos passar um mês no Japão no início da primavera de 1984. Além da estada com Hoitsu e a sua família, a viagem incluía visitas a alguns amigos na ilha de Hokkaido, ao norte, e ao templo da família de Kobun, sem contar uma semana de turismo em Quioto. Chegando ao Rinsoin, descobrimos que o templo vinha sendo preparado para um acontecimento importante que ocorreria na semana seguinte. Quinhentos leigos receberiam os preceitos budistas numa cerimônia que duraria vários dias. Já fazia mais de 35 anos que essa cerimônia não ocorria no Rinsoin. Carpinteiros e eletricistas, inclusive vários dos colegas de Hoitsu dos tempos da escola secundária, estavam por toda parte, consertando o antigo Rinsoin (que tem mais de seiscentos anos) e preparando o templo para a cerimônia. Chitose, a esposa de Hoitsu, mulher amável e trabalhadora, estava administrando a reforma e a decoração interna do templo, arrumando tempo ainda para cuidar dos seus três filhos e providenciar alimentação e acomodação para nós.

Reparei que não haveria nenhuma cerimônia de transmissão do dharma. Hoitsu nem tocou no assunto. Fiquei imaginando o que Kobun lhe havia dito. Na nossa primeira noite no Rinsoin, quando Chitose, Mary, Hoitsu e eu nos conhecíamos melhor na tradicional hora do chá

114 ZEN NO TRABALHO

e do saquê, já tarde da noite, comentei com os Suzuki que Kobun me havia enviado para a transmissão do dharma.

O templo estava silencioso, exceto pelo *tchu-tchum, tchu-tchum* da branca alvéola na floresta que cercava o Rinsoin. Hoitsu e a esposa se entreolharam e me fitaram surpresos. Hoitsu me perguntou se Kobun não estava cuidando disso para mim. Expliquei a minha relação com Kobun depois da morte do pai de Hoitsu. Eles ficaram desconcertados. Pensavam que estávamos no Japão para ajudá-los a preparar o Rinsoin para a cerimônia dos preceitos budistas.

Anos antes a ambigüidade teria me perturbado. Mas agora, enquanto caminhávamos para o quarto pelo corredor escuro, iluminado somente pelos raios de luar que entravam pelo portão do templo, a falha de comunicação não me preocupava. Não me senti obrigado a imediatamente corrigir o mal-entendido, como certamente o faria numa situação semelhante no trabalho. Até me surpreendi por me achar tranqüilo diante de tudo aquilo. Essa sensação de confiante indiferença vinha da percepção de que a minha mente ficava cada vez mais flexível, cada vez menos perturbada pela incerteza. As minhas duas "carreiras" me haviam mostrado os efeitos corrosivos do apego às expectativas. Eu estava aprendendo a abandonar as expectativas, a estar pronto para tudo. Decidi não tocar novamente no assunto. O importante era aproveitar o resto das férias, sem me preocupar com o que pudesse ou não acontecer no futuro.

No dia seguinte, Chitose nos pôs para trabalhar. Nós nos juntamos a uma corrente infindável de amigos da família e freqüentadores do templo, gente de Yaizu que vinha ajudar nos trabalhos e preparar comida para os operários. O trabalho não acabava nunca. O Rinsoin um dia abrigara vários monges zen que conservavam o grande templo como parte da sua instrução. Mas há mais de cinqüenta anos não era usado como templo de instrução. Os Suzuki eram os seus únicos residentes permanentes, e zeladores também. Muitas áreas do templo e do terreno em torno precisavam de reparos e limpeza. Entre outras coisas, eu e Mary aprendemos a retirar e substituir o papel de palha de arroz das janelas de correr e dos biombos shoji. Trabalhei bastante na remoção de várias gerações de algas e no conserto do sistema de circulação de água de um enorme tanque de peixes. Esse dramático trabalho de dois dias despertou grande interesse entre os nossos novos amigos de Yaizu.

A AVENTURA CONTINUA   115

À noite todos paravam para jantar, e o trabalho continuava até as nove da noite, mais ou menos, seguido por uma celebração regada a chá e saquê, além de mais comida. Todos trabalhávamos com imenso prazer na preparação da importante cerimônia. Formamos uma alegre comunidade. Fizemos amizade com os amigos dos Suzuki e com os freqüentadores do templo. Todo final de noite, eu e Mary conversávamos bastante com Hoitsu e Chitose. Depois de as mulheres irem dormir, eu e Hoitsu muitas vezes ficávamos até as duas da manhã acordados, fumando cachimbo e conversando, ouvindo o vento e a chuva na plantação de chá na encosta da montanha de Yaizu.

Às seis horas da manhã, diariamente, Hoitsu e eu fazíamos o zazen no antigo zendo do Rinsoin. Era uma sensação esquisita. Eu pensava nos monges que haviam meditado ali ao longo dos séculos, continuando e preservando a prática tradicional. Agora eu estava ali, tentando absorver o espírito do lugar para poder levá-lo aos Estados Unidos.

Três dias antes da cerimônia dos preceitos, mais de dez velhos sacerdotes zen chegaram de vários templos do Japão para ajudar nos preparativos finais. Eu e Mary tivemos de ceder o nosso quarto, com vista para o jardim de pedras e o renovado tanque de peixes, para um roshi muito venerado que conduziria a cerimônia. Ficamos alojados no barracão da olaria de Hoitsu.

Quando Mary pegou um resfriado, decidimos que era hora de trocar a agitação, o caos, o frio e a umidade do Rinsoin pelo calor e a tranqüilidade de uma pousada de Quioto. Ficamos em Rinsoin até o segundo dia da cerimônia. Hoitsu queria que ficássemos mais, mas Mary não estava bem. Na nossa última noite, Hoitsu me disse: "Volte na mesma época do ano que vem para a transmissão do dharma. Vai levar um mês. Deixe a mulher em casa".

Voltei ao Rinsoin em abril do ano seguinte. Todo dia começava com o zazen, seguido do café da manhã e de um encontro com a família Suzuki. Passamos a maior parte dos dias preparando a cerimônia e cuidando do Rinsoin. Eu rachava lenha e operava a caldeira já qüinquagenária que fornecia água quente para o templo. Lavava a louça, pendurava a roupa lavada, limpava os banheiros, varria e espanava o templo, trocava as flores, limpava os incensários e cinzeiros e capinava o terreno do templo. Era uma vida de monge.

Certo dia, fim de tarde, o calor do início da primavera ainda na terra enquanto o sol começava a descer por detrás da floresta verde-escura de chá, eu engatinhava pela margem do córrego que descia da montanha por trás da cozinha do templo, arrancando a relva mais alta. Súbito, um grande lagarto marrom, pintado, saiu de um arbusto, parando a poucos centímetros do meu rosto. Sem medo, ficou ali me olhando no olho. Imóveis, ficamos os dois de quatro, cara a cara pela eternidade de uns cinco segundos talvez. Quando saiu correndo, ligeiro como surgira, fiquei com uma gostosa sensação de carinho, bem-estar e paz.

A confirmação da transmissão do dharma, em maio de 1985, não indicou que eu havia alcançado nada especial, tampouco avançado a um estágio superior da prática espiritual. A cerimônia simplesmente exprimia a confiança de Hoitsu na minha determinação de continuar a prática do seu mestre — e seu pai — e oferecê-la aos outros. Também significava que eu aceitava a responsabilidade de transmitir a prática à geração seguinte.

Viagem exploratória

O caminho espiritual deve ser uma viagem sem mapa. Essa viagem nunca é igual para duas pessoas, embora seja a mesma para todos. Se o caminho espiritual fosse previsível, se tivesse ponto de partida e ponto final precisos, todos seguiríamos um plano cuidadosamente planejado. Mas se fosse assim, não teríamos a oportunidade de compreender a vida — a exploração e a descoberta já estariam realizadas. A única forma de compreender a vida e o sentido da vida é fazer as descobertas espirituais por conta própria.

Com a ajuda da Internet, de uma agência de viagens ou do automóvel clube local, podemos conseguir informações que nos levem de um lugar a outro. Mas a verdadeira senda espiritual não é uma estrada ou uma rodovia que outra pessoa possa mapear para nós. Não tem pousadas, locais de descanso, hotéis. Jamais podemos dizer: "Já estamos a meio caminho". Porém, como não há ponto de partida nem destino final, podemos viajar pelo mundo do Buda, o mundo da iluminação.

Cada um de nós leva uma vida singular, composta das nossas atividades cotidianas. Ao mesmo tempo, a vida do homem está pronta para ser a vida do Buda quando ele realmente se propõe expressar o seu verdadeiro eu. Fazemos isso quando deixamos que a atividade do dia-a-dia exprima quem realmente somos. Assim podemos expressar a nossa verdadeira natureza *justamente porque* levamos uma vida comum, não apesar disso. Não há necessidade de esperar para expressar a si mesmo. Não estamos treinando para só no futuro nos exprimir como somos. A nossa verdadeira natureza precisa ser expressa agora, neste momento e a cada momento.

Como somos humanos, não é fácil desenvolver uma atividade sem esperar algo em troca do nosso empenho. Além disso, muitas vezes não temos tempo para trabalhar com o empenho e o cuidado de que gostaríamos por causa da obsessão da sociedade por alcançar metas de curto prazo. Diante dessas dificuldades, cada um de nós tem de encontrar o seu modo de inserir a prática no dia-a-dia. Cada um de nós tem de criar o seu mapa; é fácil se perder. A prática do zazen nos possibilita saber onde estamos.

Quando o fundamento da nossa luta diária é a prática, começamos cada atividade sabendo que estamos expressando alguma coisa diferente da nossa intenção pessoal. Inerentemente sabemos que a nossa atividade está expressando algo universal. Então tentamos dar seqüência à atividade sem distrações, mas com uma mente tranqüila, preparada. Quando nos surpreendemos distraídos, basta voltar à mente vazia para dedicar toda a atenção à atividade.

Podemos expressar a nossa verdadeira natureza abandonando idéias egoístas e nos embrenhando totalmente na nossa atividade. Isso vale mesmo se não temos consciência da nossa verdadeira natureza. Se insistirmos em tentar alcançar uma experiência distinta e identificável da expressão da nossa verdadeira natureza, então certamente essa verdadeira natureza não poderá se exprimir. Os desejos da mente consciente impedem a expressão do nosso verdadeiro eu nas atividades cotidianas. Perdemos o caminho quando tentamos seguir uma senda espiritual distinta, pois isso não existe. Basta-nos cultivar uma mente tranqüila e atenta, e o sentimento de estar expressando algo muito vasto. É nas atividades corriqueiras que cada um de nós avança na sua viagem espiritual exploratória. Avançando com a mente atenta, sempre sabemos onde estamos.

capítulo 9

Iluminação no trabalho

O veículo: um relato

Cumprimentei o chefe ao entrar pela porta aberta do seu escritório.
— Oi, Barry. Tem um tempinho?

Ele ergueu os olhos dos relatórios de contabilidade, largou o lápis, reclinou-se na cadeira com os braços por trás da cabeça e disse:
— Claro, entre.
— Preciso conversar com você.
— Sobre o Alex, não é?
— Exatamente.

O meu chefe era aquele tipo de pessoa sensível e séria. Era autoconfiante, trabalhador e disciplinado. Ao mesmo tempo, era justo e informal. Tinha um grande sorriso e uma voz forte e estrondosa. Adquirira a sua fantástica capacidade de saber o que estava acontecendo por viver sempre "ligado" em tudo: saía do escritório, visitava os outros funcionários nas suas salas, perguntava como iam as coisas, travava uma conversa amistosa, contava e ouvia casos pessoais. As pessoas sabiam que ele realmente se interessava por elas. Confiavam nele e respeitavam as suas decisões.

Dois anos antes eu havia contratado o Alex como analista de sistemas. Era o seu primeiro emprego depois de formado. Começou bem, e no início tudo corria às mil maravilhas. Mas nos últimos seis meses ficara claro que ele passava por dificuldades. Eu e Barry já havíamos conversado sobre isso quando analisamos a última avaliação de desempenho do Alex, que ficara abaixo da média.

— Como ele está indo? — perguntou Barry, embora já soubesse.

— Não muito bem — respondi. — Tem dificuldade para planejar as suas atividades. Parece que não sabe o que deve fazer primeiro, e o que

ILUMINAÇÃO NO TRABALHO 119

depende disso. Também tem dificuldade para compreender a extensão de um problema. Não faz perguntas pertinentes.

— Como assim?

— Bom, por exemplo, na semana passada, eu sugeri que ele fosse falar com Sally McGuire, gerente do controle de produção, para entender as mudanças que eles planejam implantar no seu sistema.

— É fácil lidar com a Sally. Ela sabe o que faz. E daí?

— Quando ele voltou, disse que tinha tido uma boa reunião com ela. Mas quando perguntei sobre os novos procedimentos em comparação com o processo atual, ele se mostrou perdido.

Alex era um jovem bastante agradável. Era bem-educado, entusiasmado e trabalhador. Mas, à medida que ganhava experiência e mais liberdade para administrar o próprio trabalho, não se saía bem. Continuava dependendo de que outros lhe dissessem o que fazer, e como. Parecia não ter idéias próprias.

— Que mais? — perguntou Barry. — E como ele se comunica?

— Mal. Ainda tem dificuldade para se explicar, e o seu texto não é muito claro.

Conversamos mais sobre o Alex e sobre o tipo de dificuldades que ele tinha. Nós nos sentíamos constrangidos. Mas algo precisava ser feito.

Desde a sua fundação no início do século até poucos anos atrás, a IBM manteve uma política informal de não dispensar ninguém. Apesar de não oferecer grandes garantias de emprego, na prática a empresa dava trabalho, sem redução de salário nem de nível profissional, para todo empregado cujo cargo fosse eliminado ou cujo serviço terminasse. Ninguém era dispensado por razões econômicas ou mercadológicas. Essa política também significava que nenhum funcionário podia ser demitido por incompetência sem que primeiro tivesse oportunidade e tempo suficientes para melhorar o seu desempenho.

Proporcionando um ambiente de estabilidade e justiça, essa estratégia de longo prazo encorajava a confiança, a lealdade e a dedicação aos objetivos da companhia. Isso ajudou a criar a famosa cultura IBM, que aos olhos de alguns céticos diminuía a motivação, mas que na verdade era extremamente eficaz na manutenção de um moral elevado, de uma equipe coesa de trabalho e de uma ética profissional disciplinada — tudo contribuindo para a longa história de sucesso da IBM. Para tornar eficiente essa política, os gerentes tinham de assumir a responsabilidade

120 ZEN NO TRABALHO

de manter a qualidade do desempenho dos seus funcionários, trabalhando com eles o quanto fosse necessário para remover obstáculos e tocar o serviço.

Ao final da conversa, Barry resumiu o que a empresa esperava de mim na condição de gerente do Alex. "Bom, veja aqui o que você tem de fazer", começou. "Explique bem a situação para ele, que ele não está cumprindo as exigências do cargo. Seja bem claro a respeito dessas exigências. Dê exemplos. Faça o Alex entender o que ele precisa fazer e por que não está dando conta do recado."

"Comece a se reunir com ele semanalmente", continuou Barry. "Explique bem que você está fazendo isso para ajudá-lo a melhorar a sua competência e o seu desempenho. Trabalhe com ele no cumprimento de metas e planos semanais que vocês dois combinarem. Se ele tiver dificuldade para cumprir esses objetivos, aponte exatamente os porquês e explique detalhadamente o que ele deve fazer para melhorar. Diga as coisas de forma construtiva, sem criticar. Diga-lhe que ele será avaliado novamente dentro de três meses, e que se ele não conseguir atender as exigências do trabalho depois de seis meses, terá de ser dispensado."

Passamos outra meia hora, mais ou menos, discutindo formas de eu orientar o Alex na esperança de melhorar a sua situação.

Alex e eu começamos a fazer reuniões semanais. Ele admitiu que ia mal. Mostrou-se preocupado, mas pareceu incentivado por estarmos trabalhando juntos. Não tivemos dificuldade para traçar metas e planos semanais específicos. Mas quando analisamos o progresso do rapaz nas várias semanas seguintes, ficou claro que ele ainda tinha dificuldades. Às vezes ele se esquecia de cuidar de um detalhe do plano de trabalho. Às vezes só o cumpria parcialmente. Quando eu apontava alguma discrepância, ele concordava entusiasmadamente, como se eu estivesse lhe dando alguma informação vital que ele pudesse usar. Mas problemas semelhantes aconteciam repetidamente.

Isso continuou por dois meses, até que um dia Alex entrou no meu escritório inesperadamente:

— Você está muito ocupado?

— Não, pode entrar. Como vão as coisas?

— Olha, eu sei o que está acontecendo. As coisas não estão funcionando, e não é preciso ser adivinho para entender o que vem por aí. Portanto aqui está a minha carta de demissão. Arrumei outro emprego em Fremont. Gostaria de sair daqui a duas semanas, se você achar que não há problema.

Fiquei confuso. Lamentava o fato de a carreira de Alex na IBM não ter deslanchado, especialmente porque fui eu quem o havia contratado. Ao mesmo tempo, estava feliz por ver que ele tomou para si o ônus de mudar, que não ia ficar magoado conosco. Mas fiquei especialmente feliz com o que ele me disse depois.

— Sabe, quero agradecer a maneira como você conduziu as coisas. Realmente aprendi muita coisa aqui.

Alex deixou a IBM dali a duas semanas, depois da costumeira festa de despedida com café e bolo. Só ele, eu e Barry sabíamos que houvera dificuldades. Todos o parabenizavam pelo novo emprego.

Essa história é um exemplo de como até mesmo uma grande instituição pode ter coração quando dá prioridade aos relacionamentos entre as pessoas. A estratégia da IBM diante de problemas como os de Alex era ao mesmo tempo compassiva e disciplinada. Eu podia ter agido como veículo passivo na execução da política da empresa. Mas os valores encontrados nessa política estão arraigados na prática espiritual — ter atenção, paciência, saber ouvir, ter uma visão panorâmica das coisas, preocupar-se com as pessoas —, e portanto de bom grado me dediquei à tarefa de agir como veículo ativo desses valores.

No dia-a-dia, cada um de nós é veículo de alguma coisa. As escolhas dos nossos valores determinam o tipo de veículo que somos, o modo como agimos no mundo e nos relacionamos uns com os outros. Todas as pessoas e todas as organizações são livres para escolher valores que julguem importantes, que expressem a sua visão de mundo. Se nos vemos como veículos de algo maior do que nós, naturalmente escolhemos valores espirituais.

Como o Holden do livro *The Catcher in the Rye*, freqüentemente muitos não sabem ao certo como expressar a sua compaixão inata, a sua preocupação com as dificuldades dos outros. Por isso procuramos heróis e admiramos a sua coragem desinteressada. Mas, na realidade, nós mesmos somos heróis quando perseveramos na prática espiritual em todas as atividades da vida. Enfatizando a atenção e o desapego nos relacionamentos, não temos necessidade de buscar heróis fora de nós mesmos. Nada há de "sagrado" além do nosso empenho atual.

Amizade

No budismo e na prática do zen, a compaixão vem acompanhada de um sentimento leve, confiante e estável em relação à vida. E como isso se baseia na compreensão da verdadeira natureza da vida, a alegria também faz parte da compaixão. Naturalmente, quando encontramos pessoas sofrendo, ou quando ouvimos falar do seu sofrimento, temos um sentimento de solidariedade. Mas a compaixão budista é muito mais ampla e profunda do que o sentimento isolado por uma pessoa ou por um grupo. A compaixão budista é enxergar cada situação da vida como ela realmente é, na sua totalidade.

A compaixão universal começa pela compaixão por si mesmo. Mas isso não implica autocomiseração. Implica, sim, saber o que se passa dentro de nós e por meio de nós. Quando temos essa consciência do que está realmente acontecendo, passamos a valorizar o fato de sermos veículos dessas coisas, passamos a querer cuidar desses veículos e preservá-los. Também passamos a querer ajudar os outros a alcançar a mesma consciência. O desejo de cuidar daquilo que identificamos em nós é o princípio da compaixão budista.

Ficamos conscientes do que verdadeiramente acontece em nós e na nossa vida por meio da prática. No zazen, nos mostramos amigáveis conosco mesmos. A compaixão começa com essa amizade bem íntima, que se estende aos conhecidos e às novas pessoas que encontramos pela vida. Estende-se até às pessoas que não conhecemos. Esse sentimento de amizade que se estende às pessoas de toda parte é uma manifestação do nosso senso de unidade.

Mas não podemos ser amistosos com os outros se não somos amistosos conosco. Muitas pessoas não se permitem sentir o que está acontecendo em si e por meio de si, não se deixam ficar atentas àquilo que estão realmente fazendo e apreciar o que está realmente acontecendo. Isso porque não têm confiança em quem realmente são. Sem essa confiança, não podemos ser amistosos conosco ou com os outros. Sem essa confiança naquilo que estamos fazendo, não podemos compreender a nossa vida.

Buda salientou que o sofrimento humano se origina do nosso desejo de coisas materiais e emocionais, de coisas transitórias e

ILUMINAÇÃO NO TRABALHO

impermanentes, que jamais poderão nos satisfazer plenamente. Porém, ainda que lutemos por essas coisas por pensar que nos trarão a felicidade, elas não são objeto do nosso verdadeiro desejo. O que realmente queremos é algo que preencha um vazio íntimo. O desejo de coisas impermanentes é uma expressão do desejo de se sentir completo. Se a pessoa não alcança coisas materiais e emocionais, fica decepcionada e sofre. Se as alcança, cai na armadilha do autocontentamento. Ainda que o ego talvez fique temporariamente satisfeito, nós não podemos ficar verdadeiramente satisfeitos porque não temos como segurar essas coisas transitórias e irreais. Mas a mente racional não tem consciência da armadilha, e por isso continua a lutar por coisas que não duram.

Na prática do zen, evitamos buscar algo para nós mesmos. Dirigimos a atenção à amizade, que não depende da realização pessoal. Geralmente selecionamos os nossos amigos de modo cuidadoso e exclusivista, depois de ter tido algum tipo de relacionamento com eles. Mas a amizade budista não é exclusivista; inclui a todos. É impossível ser verdadeiramente amistoso consigo mesmo e ao mesmo tempo limitar a amizade que se estende aos outros.

Podemos pensar: "Faço o zazen para cuidar da minha prática e da minha vida; a minha prática não inclui as outras pessoas". Mas é impossível excluir os outros da verdadeira prática espiritual. Quando a amizade flui do zazen, não precisamos fazer um esforço especial para dá-la aos outros. Naturalmente somos generosos para com todos. Esse é o significado da compaixão.

Se não compreendemos que já somos inatamente completos, continuamos a lutar por coisas emocionais ou materiais. Exibimos uma atitude infeliz: não é uma atitude "má", mas "pobre". Porém, na verdade já somos ricos. Não precisamos lutar por nada, e não há razão para não sermos generosos.

Ainda que não tenhamos nenhum bem material para partilhar, podemos partilhar o nosso próprio ser. Nada perdemos quando nos doamos. Quando percebemos essa verdade, nos tornamos amistosos e generosos. Mas é necessário confiar na nossa inata completitude. Se não tivermos essa confiança, sempre nos sentiremos pobres em meio à grande riqueza.

A compaixão budista não implica ser santo ou herói. Começa pelo simples sentimento de amizade que flui da prática do zazen. A prática do Buda é naturalmente generosa. Quando temos um sentimento de carinho e confiança em relação à vida, vemos que a compaixão está em toda parte e que tudo cuida de tudo.

Incentivo

Cada um de nós já é inatamente completo, só que não nos damos conta disso. Por causa das ilusões e dos apegos às aparências do mundo material, equivocadamente nos convencemos de que somos incompletos. Mas em vez de tentar crescer, em vez de tentar nos transformar em outra pessoa, devemos buscar expressar sem limitação o que somos, quem sempre fomos.

Por outro lado, nas dinâmicas atividades do dia-a-dia, é possível expandir a nossa compreensão e mudar os tipos de coisas que dizemos e fazemos e o modo como as fazemos. Mas também aqui é um erro tentar mudar as outras pessoas, pois a responsabilidade de mudar o modo de pensar e de se portar cabe a cada um. Portanto, em vez de tentar fazer as pessoas aceitar o nosso modo de fazer algo ou o nosso modo de compreender as coisas, devemos buscar encontrar maneiras de incentivá-las a expandir a sua própria compreensão. Se tentarmos mudar a mente dos outros simplesmente buscando lhes vender as nossas idéias, estaremos na verdade buscando algo para nós mesmos. Incentivar as outras pessoas a expandir a sua própria compreensão sem lhes impor o nosso modo de pensar é uma das maiores dádivas que podemos dar.

Não devemos ignorar as pessoas que passam por dificuldades. Ao mesmo tempo, é preciso ter o cuidado de não interferir na sua prática; fazê-lo só irá desencorajá-las. Temos de encontrar o caminho do meio, que implica incentivar os outros com a nossa prática e agir ou falar construtivamente de acordo com as circunstâncias.

O mestre zen Dogen ensinou que a prática e a iluminação não estão separadas. Nos seus escritos, ele incentivava as pessoas a enfatizar a prática e a não se deixar enredar por idéias sobre a iluminação. Assim, nessa prática, não nos preocupamos em tentar mudar a nós mesmos ou os outros. A iluminação sempre existe, está em toda parte, não tem fim. Basta expressar naturalmente a nossa verdadeira natureza, momento a momento.

O verdadeiro eu surge quando praticamos ativamente no momento presente, sem esperar o surgimento da inata iluminação de algum modo especial. Não pensamos nela, não nos preocupamos com ela. Simplesmente reconhecemos que ela existe continuamente e que precisamos continuamente expressá-la. Portanto a nossa prática é dedicada a algo que não se pode definir. Sempre exprimimos o inexprimível na nossa atividade. Não há necessidade de mudar nada.

A verdadeira natureza está continuamente se movendo e criando. Essa é a nossa natureza fundamental, quem realmente somos. Devemos enfatizar essa natureza dinâmica da iluminação sempre praticando ativamente. Isso não significa simplesmente estar sempre ocupado. Significa que devemos saber o que estamos fazendo. Se nos apegamos a alguma noção intelectual da vida, a nossa vida passa em vão; fica presa em laços, privando-nos da liberdade. O caminho da prática do zazen é largar as cordas da discriminação.

Equanimidade: um relato

Na minha primeira visita ao mosteiro Eiheiji, tive uma conversa com um dos jovens monges residentes que falava bem o inglês. Ele ficou intrigado com o crescente interesse pelo zen nos Estados Unidos. Já conversávamos havia dez minutos quando um monge baixinho e atarracado começou a berrar em japonês com o meu novo amigo. A língua não me impediu de perceber que ele estava sendo repreendido por fazer outra coisa que não a sua tarefa. A bronca durou perto de um minuto; pareceu desnecessariamente severa. Quando o outro monge se virou e foi embora pisando duro, o jovem que conversava comigo sorriu e disse tranqüilamente: "Preciso ir agora. Bom conhecer você".

Surpreendi-me com a dureza e com a aparente falta de respeito que eu presenciara. Fiquei a me perguntar se o "show" fora intencional ou simplesmente espelhava a personalidade do monge baixinho. Parecia mais apropriado a um campo de treinamento militar do que a um mosteiro. Também fiquei impressionado com o equilíbrio e a paciência do monge mais jovem diante da dura repreensão. Será que isso faz parte do treinamento de um monge zen?, fiquei a imaginar. Será esse o modo de encorajar a sabedoria e a compaixão? Esse episódio foi um notável exemplo de como a nossa atitude à crítica é um fator determinante da nossa perspectiva espiritual e da reação esclarecida a um mundo por vezes pouco amistoso.

Suzuki-roshi certa vez falou sobre a necessidade que cada um tem de descobrir por conta própria como fazer as coisas, sem se basear instintivamente em regras nem pedir auxílio, incluindo o que aprendemos com os erros cometidos e com a aceitação da crítica. Ele relatou um incidente que aconteceu quando era ainda um jovem monge:

> Quando eu estava no mosteiro Eiheiji, no Japão, servindo ao meu mestre, ajudando o meu mestre, ele não nos dizia nada, mas sempre que fazíamos algo errado levávamos bronca. É uma espécie de regra abrir uma porta de correr pelo lado direito. É o modo usual. Há um pequeno buraco redondo para abrir a folha. Um dia lá estava eu abrindo a porta, quando ouvi a bronca: "Não abra desse jeito! Não desse lado!" Na manhã seguinte, abri a porta do outro lado e novamente fui repreendido. Não sabia o que fazer. Mas percebi que no dia em que abri do lado direito, o hóspede do meu mestre estava do lado direito. Abrir do lado direito é a regra, mas como naquela manhã o hóspede estava daquele lado, eu deveria ter aberto pelo outro lado. Antes de abrir a porta, devo verificar de que lado está o hóspede.[1]

Sem explicar, o mestre de Suzuki-roshi o repreendeu, não porque era irresponsável, mas porque queria que ele prestasse atenção, descobrisse as coisas por conta própria. Aceitando a crítica sem emoção, com equanimidade, o jovem Suzuki resolveu a questão, aprofundando assim a sua capacidade de alcançar uma visão panorâmica das coisas.

capítulo 10

Comunicação

Os negócios são supostamente uma atividade racional, baseados que são em idéias e princípios cuidadosamente ponderados, sustentados por investigações objetivas, por pesquisas de opinião, pelos testes de novos produtos e pelo exame minucioso dos investidores do capital de risco. É de supor que os ramos da ciência, da tecnologia e da engenharia, as mais racionais das disciplinas, sejam ainda mais livres do comportamento irracional. Mas essa suposição não é racional, pois sabemos que os negócios são uma atividade de seres humanos, criaturas emocionalmente volúveis.

Os negócios espelham a natureza humana, tanto o seu lado racional quanto o emocional. É a ação do emocional que pode nos colocar em apuros, gerando raiva, *stress* e a ruptura dos relacionamentos. Em vez do clima incentivador e cooperativo do bom senso e da comunidade, muitas vezes criamos um ambiente de pessoas em desarmonia. Isso não é universalmente verdadeiro; muitas empresas são famosas pelo ambiente de trabalho agradável. Mas quando o egoísmo e a ambição são excessivamente enfatizados, há o perigo de a competição magoar as pessoas e prejudicar a organização.

Encontro com a atenção: um relato

Surgira um problema imprevisto. Durante o desenvolvimento de um método que visava à economia de dinheiro e ao aperfeiçoamento da precisão e da rapidez da circulação de certas informações administrativas em toda a empresa, uma das unidades que dependia dos dados de repente resolveu não usar o novo sistema, mas continuar usando os antigos procedimentos. O sucesso do novo sistema dependia da participação de todas as unidades envolvidas, e por isso a resistência desse grupo ameaçava um projeto que já consumira vários meses de trabalho. Convocou-se uma reunião para solucionar a crise.

PRIMEIRO GERENTE: Não entendo por que você diz que não é bom.

SEGUNDO GERENTE (do grupo "relutante"): Já lhe disse, para nós não compensa.

TERCEIRO GERENTE: Por favor, vocês concordaram em usar...

QUARTO GERENTE: E os caras mudaram as especificações só para vocês. Pensei que isso tinha eliminado os problemas...

SEGUNDO GERENTE: Não, nunca concordamos...

PRIMEIRO GERENTE: Ah, por favor! Em julho você disse...

SEGUNDO GERENTE: Ei, nós nunca assumimos o compromisso...

PRIMEIRO GERENTE: Espere aí, deixe eu terminar!

QUARTO GERENTE: O seu chefe assinou a carta de consentimento.

QUINTO GERENTE: Qual é o seu problema afinal?

SEGUNDO GERENTE: O que você quer dizer com *meu* problema? Já falei desde o início que estamos satisfeitos com o sistema atual.

TERCEIRO GERENTE: Já passamos por toda aquela crise política no ano passado. Agora você...

SEGUNDO GERENTE: Não venha me dizer como tocar o meu trabalho. Essa coisa toda é uma piada.

Saímos tarde, bem tarde. Caminhando de volta às nossas salas, me disse o meu chefe:

— Você ficou muito calado lá.

— Não tinha nada a acrescentar — respondi.

— Ah, tinha sim. Você deveria ter exposto as suas idéias.

— Bom, você viu, estava uma loucura aquela reunião, todo mundo se interrompendo, uns apontando o dedo para os outros. Nem entendi o que aconteceu em metade da reunião. O que eu tinha a dizer não faria diferença nenhuma.

— É, mas assim mesmo você deveria ter falado.

O que aconteceu naquela tarde não era incomum. Muitas e muitas vezes as reuniões não eram lá tão eficazes. Será que não estavam todos conspirando a favor dessas reuniões pífias? Parecia uma prática habitual, uma parte integrante e aceita da vida profissional: as reuniões são essencialmente horríveis e nada se pode fazer a respeito.

A missão do laboratório de desenvolvimento de produtos era criar os novos produtos da IBM. Um projeto de engenharia era bem-sucedido se conseguisse construir o modelo de um novo produto — um protótipo — que executasse as funções necessárias com confiabilidade, ao mesmo tempo cumprindo as metas financeiras. Em resumo, a meta dos engenheiros de desenvolvimento era produzir uma coisa nova, a primeira de uma nova linha de produção. A partir desse protótipo, a área industrial produziria centenas, até milhares, para atender os pedidos dos clientes.

A minha preocupação com a ineficácia das reuniões me fez pensar sobre o que estava fundamentalmente acontecendo no laboratório de desenvolvimento de produtos. Na área industrial, o processo podia ser cientificamente avaliado pela coleta de dados de testes de uma grande amostra estatística de novas máquinas, assim que saíam da linha de produção. Mas como é que o processo podia ser medido no laboratório de engenharia se só produzíamos *uma* unidade? Qual era o nosso verdadeiro "produto" e qual era o nosso "processo"?

Concluí que o verdadeiro produto do período de desenvolvimento de produtos (de aproximadamente dois anos) é o *conhecimento* que surge da criatividade e da solução dos problemas. Em termos legais, isso se chama hoje de propriedade intelectual. Era nas reuniões que esse conhecimento era divulgado, e os problemas resolvidos. Compreendi que as reuniões, fossem técnicas fossem administrativas, estavam no cerne do nosso processo. Era crucial fazer reuniões eficazes. Quando as reuniões são caóticas, as pessoas se desligam, exatamente como eu fizera.

Não fiquei surpreso ao saber, por intermédio de uma pesquisa informal, que a maioria dos gerentes e engenheiros achava que mais da metade das reuniões de que participavam tinha menos de 50% de eficácia. Estávamos desperdiçando não só dinheiro, mas também entusiasmo, corroendo o moral do grupo.

Comecei a prestar mais atenção à dinâmica das reuniões para compreender o que estava errado. Em primeiro lugar, identifiquei problemas relacionados à mecânica do processo: agenda ruim, objetivos imprecisos, falta de comprometimento, ausência de planos de ação. Mas esses descuidos essencialmente administrativos podiam ser corrigidos com melhor planejamento e organização. Mais importantes, e mais complicadas de resolver, eram as dificuldades que surgiam entre as pessoas: tentativas de dominar a reunião, desligamento, digressões, interrupções e perturbações. Esses problemas eram criados pelas emoções ligadas à necessidade de reconhecimento pessoal e domínio. As reuniões geralmente se transformavam em campos de batalha competitivos.

Com a necessidade de freqüentes reuniões, muitas pessoas tornavam a vida penosa para si mesmas e para os outros. As suas decepções nas reuniões extravasavam para outros campos profissionais. Para que as reuniões, e o trabalho como um todo, fossem satisfatórias, era preciso levar em conta os sentimentos e as necessidades pessoais, bem como as idéias criativas. Depois de estudar a arte e os métodos de gerenciar reuniões, freqüentando inclusive cursos e seminários profissionais, acabei criando um curso que priorizava o uso de técnicas de facilitação.

Quando aprendi essas técnicas, fiquei impressionado pela semelhança com as virtudes enfatizadas no budismo e na prática do zen. Por exemplo, a primeira coisa que o condutor da reunião deve fazer é *deixar de lado os sentimentos pessoais* em relação ao que está acontecendo — esquecer os desejos que compõem a "agenda pessoal", para não filtrar nem distorcer o que está sendo dito. Ele deve apenas ouvir e responder sem parcialidade. Do contrário, o grupo não confiará no condutor, e a reunião não alcançará êxito.

A segunda coisa que o condutor da reunião deve fazer é *manter-se atento à situação como um todo*, a todas as emoções e energias que fluem na sala, especialmente ao modo como elas vão mudando. Para alcançar essa visão panorâmica, o condutor precisa praticar a Grande Mente, ou seja, manter a sua mente pronta a aceitar o que está acontecendo sem criticar ou julgar nada que outra pessoa diga ou exprima na reunião.

Terceiro, o condutor da reunião deve *estimular uma relação criativa* entre as pessoas, enfatizando o lado positivo das coisas. Por exemplo, quando se faz uma sugestão, o condutor cuida de garantir que a avaliação dela comece pelo lado positivo, ou seja, por aquilo que o crítico *vê de bom* na idéia. Só então o crítico passa a falar sobre os elementos da sugestão que podem ser aperfeiçoados. Com essa técnica, o condutor cria um ambiente estimulante, onde ninguém se sente ameaçado pela crítica.

COMUNICAÇÃO   131

Ajudar o grupo a alcançar o consenso é outra qualidade essencial do condutor da reunião. Com o consenso, não há perdedores. Todos se sentem parte da decisão; não há um sentimento de separação. O consenso ajuda a firmar um senso criativo de propósito entre os participantes.

A quinta e talvez a mais eficaz técnica do condutor da reunião é *reconhecer as idéias e os sentimentos de todos os participantes*. Essa percepção me possibilitou notar que a fonte de boa parte da raiva (pessoal ou coletiva) gerada nas reuniões é a falta de reconhecimento por parte das outras pessoas. E isso valia, percebi, não só para as reuniões, mas para todos os aspectos da vida. Para fomentar a criatividade e a boa vontade, evitando emoções destrutivas, é preciso ouvir com paciência e atenção, reagindo de modo positivo e encorajador — seja com palavras seja com gestos.

As técnicas de facilitação de reuniões se revelaram, para mim, equivalentes às técnicas do budismo. Criam um ambiente colaborador e cooperativo. Em seis meses, ensinei essas técnicas simples a mais de cem engenheiros e gerentes. Nas discussões de avaliação, os meus ex-alunos admitiam que raramente agiam como condutores formais de reuniões no trabalho, por causa das limitações de tempo. Mas todos estavam muito contentes com a sua crescente capacidade de agir de modo criativo e construtivo como *participantes* das reuniões.

A minha experiência na prática do zazen me ajudou a reconhecer a natureza espiritual dessas técnicas de lidar com as pessoas. A técnica da facilitação equivale a manter a atitude desapegada da mente no zazen. Talvez os monges budistas sejam simplesmente "facilitadores" disfarçados, pois, como diz o *Digha Nikaya*, "Assim ele reconcilia os que estão em desacordo e encoraja os que estão unidos, se alegrando na paz, amando a paz, se deleitando com a paz, defendendo a paz".[1]

A linguagem do coração

Gostamos da companhia de certas pessoas porque elas falam com total sinceridade, sem esconder nada, voluntariamente revelando as suas idéias e os seus sentimentos. Dizemos que essas pessoas "falam de coração". Não só gostamos da companhia delas, mas admiramos a coragem que elas têm de ser abertas e íntimas. Mas a verdade é que quando nos comunicamos fundados na prática espiritual, não precisamos de grande coragem. A própria prática inclui falar a linguagem do coração.

Inerentemente, não é difícil falar de coração. Mas por mais inteligentes ou sagazes que sejamos, a linguagem do coração se torna difícil se esquecemos como falá-la. A prática do zazen é o meio pelo qual recordamos a linguagem do coração, a linguagem da mente atenta. Essa é a linguagem que não se deixa distrair pela emoção ou pelo juízo crítico.

Quando estudamos uma língua estrangeira, dependemos da inteligência e da memória para dominar o vocabulário, a gramática e as várias expressões corriqueiras da outra cultura. Fazemos esse esforço mental para poder trocar idéias com outras pessoas. Mas a linguagem do coração se baseia na prática espiritual. Se queremos nos comunicar aberta e sinceramente, não precisamos aprender uma nova língua. Basta praticar a expressão da língua que já conhecemos, que jamais esquecemos.

Ao mesmo tempo, falar a linguagem do coração não exige descartar a linguagem da mente. Pelo contrário, temos de continuar usando a nossa experiência, a nossa inteligência e a nossa capacidade para nos comunicar com os outros no dia-a-dia. É simplesmente uma questão de usar corretamente essas faculdades, conforme a situação. No cotidiano, naturalmente usamos as faculdades da mente pensante e da mente sensível. Mas devemos sempre tentar estar atentos, prontos para o próximo momento. Na prática do zen, não negamos os pensamentos e os sentimentos. Simplesmente deixamos que a linguagem do coração seja a fonte da linguagem da mente.

Os relacionamentos entre as pessoas, e das pessoas com todas as coisas do mundo, são o aspecto mais importante da prática espiritual e da vida. Se observamos os nossos sentimentos e as nossas emoções, podemos dizer como estamos. É por isso que enfatizamos a atenção à mente e ao modo como nos sentimos. Se achamos que os sentimentos não estão de acordo com o nosso verdadeiro eu ou, em outras palavras, se nos achamos desequilibrados, então não devemos seguir os sentimentos, pois eles não espelham a linguagem do coração. É importante abandonar essas emoções, não se deixar

COMUNICAÇÃO 133

arrastar por elas, ainda que no momento a pessoa se sinta satisfeita e justificada na sua raiva, na sua crítica, na sua impaciência.

O surgimento de sentimentos negativos na mente não significa que a pessoa não é sincera ou inerentemente má. Significa apenas que ela tem algumas arestas que precisam ser desbastadas. Mas não é possível arredondar as arestas mais agudas com uma lixa. Esse "arredondamento" ocorre naturalmente com a compreensão da verdadeira natureza das coisas. A mente atenta é essa compreensão: nos possibilita abandonar a inquietação diante dos sentimentos e das emoções. A pessoa senta-se para meditar no zazen e expressa imediatamente a sua verdadeira natureza. Não é preciso ter sentimentos "perfeitos". Basta praticar com os sentimentos que a pessoa tem no momento. Ela deposita a sua confiança na prática e na mente atenta.

Dependemos da linguagem da mente porque estamos sempre trabalhando em algum problema prático, corriqueiro. Sempre estamos enfronhados em situações difíceis ou desconcertantes. Mas como precisamos continuamente confiar no intelecto, é fácil esquecer a linguagem do coração. Acredito que toda pessoa que sinceramente abraça a prática espiritual compreende essa idéia de algum modo, embora essa compreensão talvez não seja visível. Começamos a praticar porque sentimos que esquecemos o modo de expressar a linguagem do coração.

Devemos ter a consciência de que a vida espiritual implica disposição de enfrentar com paciência e sinceridade todas as situações que surgem. Às vezes implica um problema a resolver. A melhor forma de resolver um problema é por meio da linguagem do coração. Naturalmente temos de usar a nossa capacidade analítica, o nosso discernimento e os nossos sentimentos nas questões práticas, mas o fundamento para enfrentar as coisas do dia-a-dia é a mente atenta. A linguagem do coração é a nossa linguagem natural. Perseveramos na prática espiritual para que não nos desviemos dela.

capítulo 11

Intrepidez

A devastação que acompanha as catástrofes naturais — terremotos, incêndios, furacões, enchentes, seca — não é a causa primária do sofrimento da humanidade. A causa primária do sofrimento é o sentimento de não ser amado, de não ter sido amado, pelas pessoas que nos são caras. Esse sentimento nos infunde tristeza, pesar, por algo que nos falta. Infunde medo em nós.

Esse medo forma a base das ilusões humanas. Cria em nós o desejo de coisas materiais e emocionais. Os medos do desejo se manifestam incessantemente nas coisas do cotidiano. Nós os enfrentamos continuamente no trabalho, em nós mesmos e nos outros. Na maior parte do tempo, a nossa reação a eles não é construtiva. Os medos ligados às ambições profissionais e ao desejo de poder se tornam a base da competição, da falta de franqueza, dos conflitos entre as pessoas, das animosidades, até das inimizades. Educadamente consideramos essa conduta improdutiva, muitas vezes destrutiva, como uma política necessária no mundo dos negócios, que precisa ser tolerada. Mas esse jogo gera desarmonia e lança as bases do *stress* e de mais medo.

Quando temos medo do chefe que pode favorecer ou interromper a nossa carreira, não nos comunicamos livremente; ficamos na defensiva, obscurecemos as palavras "torcendo" os fatos, apresentando só as boas notícias. Se tememos a atribuição de um trabalho indesejável, ou mesmo a demissão, não só deixamos de confiar no chefe mas também passamos a desconfiar dos colegas de trabalho, a competir com eles, às vezes buscando derrubá-los. Sem saber como reagir criativamente ao medo, criamos uma zona de guerra.

No trabalho, nos vemos em meio a uma confusa rede de relações humanas, continuamente diante de surpresas desagradáveis e reveses, de pessoas que não agem como esperamos ou precisamos. Gastamos

INTREPIDEZ 135

boa parte da nossa energia tentando administrar atitudes e problemas sobre os quais temos pouco controle ou influência. Vergado pelos medos do desejo diante de um mundo que muda continuamente de idéia ou que parece sempre prestes a explodir numa possível catástrofe, quem não se sente ansioso, frustrado ou esgotado?

Mas esses fortíssimos medos do desejo não são inatos. São resultado da preocupação mais impalpável e mais universal da humanidade: o medo que nasce de não saber quem somos. A conseqüência desse medo é um senso de separação uns dos outros e de todas as coisas. A verdadeira missão da vida é saber quem somos, migrar do não-conhecimento ao conhecimento, passar da não-compreensão à sabedoria, para que então vivamos de modo autêntico, mesmo que as circunstâncias não nos tenham dado, ou não nos dêem, o amor mais pleno possível.

Jamais poderemos recobrar o amor que não nos foi dado no passado, e não adianta exigir que o mundo nos ame no presente. O único antídoto contra essa doença é a nossa capacidade de expressar amor pelo mundo. Conhecido no budismo como compaixão, esse é o objetivo último da prática espiritual. A prática responde à pergunta mais importante da vida: "Quem era você antes de fazer uma idéia de si mesmo?" A resposta a essa pergunta elimina o medo.

Medo da separação: um relato

A minha primeira experiência com o medo da separação veio quando eu tinha uns 10 anos. Vi-me prostrado por um sentimento de solidão numa mormacenta tarde de domingo, um daqueles dias de "calorão" em Nova York, quando o ar chega a tremeluzir por causa do calor, o chão solta fumaça, os capôs dos carros ficam tão quentes que nem se pode encostar neles. Nenhum dos meus amigos estava na rua. Na Broadway se viam poucas pessoas, praticamente nenhum carro passando. O mundo parecia agourentamente imóvel. Sentado no meio-fio entre dois carros estacionados, de repente fui engolido por uma onda de profunda preocupação e tristeza. Foi uma experiência dolorosa, solitária, que durou uns cinco minutos. Carreguei durante anos aquela sensação na lembrança, tentando descobrir a sua origem. Seria a vida familiar confusa? A crueldade da Segunda Guerra Mundial, então em curso? Um mundo indiferente, impessoal, personificado pela abrasiva atmosfera de Nova York? Acabei descobrindo que aquilo provinha de um senso de separação espiritual, do fato de eu me enxergar como uma partícula minúscula e impotente, solta no universo infinito. Essa experiência foi o início de anos de reflexão sobre a minha vida e a sua relação com "algo maior".

Quando sentimos a inquietação gerada pelo medo da separação, de não saber quem somos, nos vemos diante de uma decisão: podemos encarar esse medo diretamente, tentar compreendê-lo e resolvê-lo, ou então podemos negá-lo e ignorá-lo. A primeira opção exige determinação, a virtude fundamental da prática espiritual. Os medos do desejo se dissolvem quando superamos o sentimento de separação, substituindo a inquietação e a hostilidade pela serenidade e a harmonia.

O caminho do bodhisattva

A mente se aferra a conceitos sobre a vida quando vive em constante medo de perder alguma coisa. E enquanto não compreendemos que inerentemente não temos nada a perder, não podemos reconhecer nem aceitar a nossa verdadeira natureza. É a mente temerosa que se apega, que não consegue se esvaziar. O propósito do zazen é fazer a mente vazia, dar à mente a chance de ficar livre do apego. Quando conseguimos manter a mente vazia continuamente, ficamos livres do medo. É por isso que enfatizamos a prática contínua durante todo o dia.

O grande lampejo intuitivo do Buda foi reconhecer a natureza búdica em toda pessoa, em toda criatura. Ele fez essa descoberta quando deixou de lado a atividade mental e viu que todos os seres, todas as coisas criadas, são inerentemente iguais e não separados. A prática espiritual do zen e o modo de vida zen se baseiam nessa compreensão.

Toda pessoa, sem exceção, é um bodhisattva. Mas não reconhecemos essa verdade porque acalentamos inúmeras concepções acerca do nosso ego individual. Deixamos que essas concepções nos iludam quanto à verdadeira natureza da vida. O voto do bodhisattva tem como ênfase cuidar dos outros, mas esse cuidado não está limitado à caridade ou à ação social. O voto inclui a determinação de reconhecer a nossa inata natureza búdica. Em outras palavras, prometemos aceitar que já somos bodhisattvas, cumprindo esse papel.

Creio que secretamente não queremos tomar conhecimento da nossa natureza bodhisáttvica. Talvez achemos que ela implica uma responsabilidade excessiva. Aceitá-la significaria abandonar os desejos e o apego a idéias egoístas. Tememos abandonar a busca dos desejos porque achamos que não saberemos o que fazer depois. Nós nos entregamos ao vício dessa busca, temerosos de vir a ser infelizes para sempre. Entretanto, abandonar essa busca e esse apego é a manifestação dos nossos votos, que nos liberta da compreensão limitada do nosso intelecto e das nossas emoções.

O bodhisattva não sente necessidade de buscar nada. Ele sabe que já tem tudo. Essa consciência se exprime na prática, e por isso sentamos para meditar no zazen sem expectativas. Simplesmente meditamos com consciência e aceitação. Aceitar que somos bodhisattvas é a nossa prática. A nossa maior alegria é exprimir essa consciência no dia-a-dia e em cada relacionamento. Mas precisamos primeiro ter a determinação de abandonar o medo, de compreender que não temos nada a perder. Fazer o voto de salvar todos os seres significa voltar a ser quem realmente somos.

Abandonando as concepções que fazemos de nós mesmos

Um dos maiores problemas do ser humano é deixar que a sua vida se consuma pelas concepções que ele faz de si mesmo, concepções que o separam dos outros. O homem tem uma forte tendência de se preocupar com o modo como ele se vê e como quer que os outros o vejam. Por causa dessa necessidade de se sentir respeitado e admirado, e do desejo de ser melhor do que ele pensa que é, e melhor do que aquilo que ele pensa que os outros são, o homem continuamente tenta criar e proteger a concepção que faz de si mesmo, e constantemente se compara com os outros.

Na verdade, ninguém é inatamente melhor do que outra pessoa qualquer. O desejo de exibir determinada aparência se baseia na compreensão equivocada de quem realmente somos. Por isso se continuamente nos compararmos com os outros, ou com uma concepção ideal de nós mesmos, jamais ficaremos satisfeitos. Essa busca é como beber água salgada quando se tem sede: ela não pode satisfazer a sede; só nos deixará doentes.

Ainda que queiramos muito ser "algo", na verdade somos "não algo". Durante a nossa curta vida somos "algo", pessoas singulares com qualidades características. Mas na realidade não somos nada especial, nada em particular. Só podemos ser quem realmente somos se não nos apegamos às concepções que fazemos de nós mesmos.

No zazen, tentamos abandonar essas concepções; abrimos mão de tentar ser alguma coisa. Assim, quando praticamos o zazen, não ficamos limitados por idéias de homem, mulher, médico, professor, aluno, advogado ou carpinteiro. Ao mesmo tempo, ser "não algo" não significa ser nada. Pelo contrário, significa que somos muito grandes, que abarcamos tudo. Significa que na verdade somos tudo. Não há nada fora de nós, portanto não podemos nos comparar com nada.

Quando nos comparamos com os outros, só incentivamos o desejo de incrementar as concepções que fazemos de nós mesmos, de elevar o nosso *status* na cabeça dos outros. É um erro achar que podemos chegar a algum lugar baseando a nossa vida no julgamento que fazemos de nós mesmos, para depois nos comparar com os outros. A única direção para nós é direção nenhuma, ou seja, é nem sequer pensar em chegar a lugar nenhum, é não desejar ganhar nada na caminhada. Se desejamos ganhar alguma coisa incrementando a concepção que fazemos de nós mesmos, limitamos a nossa vida e nos separamos dos outros. Aí sim temos dificuldade para viver em harmonia.

Quando nos saímos bem em alguma atividade, talvez nos sintamos orgulhosos do que fizemos, talvez os outros nos admirem. Mas não podemos nos aferrar à imagem que julgamos que adquirimos com esse sucesso. Seja como for, é impossível "adquirir" coisas temporárias e impermanentes só pelo aperfeiçoamento das concepções que fazemos de nós mesmos. Agindo assim, nada mais fazemos que colecionar idéias, transformando a mente em armários abarrotados ou sótãos cheios de móveis velhos e poeirentos.

Se tentamos adquirir alguma coisa por meio da prática espiritual, criamos problemas para nós e para os outros. Cavamos um buraco e nos enterramos nele. Quanto mais nos empenhamos por ganhar alguma coisa, mais profundo e sombrio é esse buraco, e mais desanimados ficamos. Se usarmos a prática da meditação para aperfeiçoar ou proteger as concepções que temos de nós mesmos, ainda que perseveremos com grande disciplina, a prática não deixará de ser egocêntrica.

É por isso que devemos nos empenhar ao máximo para largar o instrumento que usamos para cavar esse buraco profundo: a mente que se compara com os outros. Quando deixamos de lado a mente discriminante, já não nos sentimos dentro de um lugar fundo e escuro. Simplesmente nos sentimos livres. Não é necessário que nos comparemos com os outros; nem isso nos ajuda em nada. Devemos apenas perseverar na prática sem acalentar idéias de diferença entre nós e os outros.

Sem limitações

Independentemente das habilidades e capacidades que tenhamos num dado momento, todos somos inatamente ilimitados. Não devemos confundir as capacidades e habilidades com o nosso verdadeiro eu, que não é limitado pelas idéias do nosso pequeno ego. Quem realmente somos não depende da nossa capacidade de realizar alguma tarefa num momento específico. Quando nos compreendemos assim, compreendemos também que toda pessoa é inerentemente ilimitada, e então tratamos todos do mesmo modo, independentemente das suas habilidades ou capacidades. Então podemos facilmente manter bons relacionamentos conosco e com os outros.

O espírito de compaixão do Buda se baseava na consciência que ele tinha da verdadeira natureza das pessoas. A compaixão budista não se limita a ser solidário ou a ter dó de alguém que esteja em apuros. É, sim, a compreensão de que a forma humana é finita e de que as nossas capacidades físicas e mentais têm limitações. Ter compaixão implica estarmos prontos para nos ajudar uns aos outros a expressar o nosso verdadeiro eu ilimitado, sejam quais forem as capacidades e limitações que tenhamos no momento. Então o verdadeiro auxílio é incentivar as pessoas a expressar a sua verdadeira natureza a seu modo, não a nosso modo. O verdadeiro eu se exprime de uma infinidade de modos, pois ele não tem limites. Cada um de nós tem a capacidade de exprimir o eu verdadeiro a seu próprio modo. Esse é um ponto importante da prática do zen.

Geralmente quando começamos a prática, precisamos de autodisciplina. Temos de nos encorajar a ficar sentados na almofada mesmo nos sentindo incomodados, a voltar à almofada quando alguma outra atividade nos atrai, a abandonar a mente pensante durante o zazen. A autodisciplina é necessária quando permanecemos presos à noção de limitação e de incapacidade. Se pensamos que não somos capazes de perseverar no zazen, temos de lançar mão da autodisciplina para ficar ali sentados imóveis. Dizer: "Não posso fazer isso" é como dizer: "Sou limitado e não vou conseguir". Mas se não pensamos nem em limitação nem em sucesso, não precisamos de autodisciplina. Então a prática e a vida se tornam bem naturais.

Se as pernas doem e a mente se deixa distrair pela dor, a mente abriga alguma idéia de limitação. Mas se a mente não se deixa distrair pelas pernas dolorosas ou dormentes, então praticamos sem limitação. Mesmo quando temos uma *idéia* de limitação, inerentemente somos ilimitados.

Quando o céu fica escuro à noite, o sol está atrás de nós, do outro lado da Terra. Durante o período de escuridão, não pensamos em procurar o sol. Simplesmente admiramos as estrelas e o céu noturno. Quando o céu está nublado e chuvoso, o sol está por trás das nuvens. Então também não ficamos inquietos à procura do sol. Simplesmente admiramos as nuvens e a chuva. Quando o céu está azul, o sol está ao nosso lado (não podemos ver o céu azul com o sol diretamente sobre os olhos). Em outras palavras, só podemos admirar o céu azul se não olharmos diretamente para o sol. Portanto, onde quer que o sol esteja brilhando, não pensamos em olhar para ele. Não é necessário ver o sol diretamente. Simplesmente admiramos o céu noturno, o céu nublado ou o céu azul.

Quando o sol não está diante dos nossos olhos, quando não podemos vê-lo, isso não significa que o sol tem alguma limitação ou que nós temos alguma limitação. Se você ou outro alguém carece de alguma capacidade, isso não significa que você, ou ele, é inerentemente limitado. Sentir-se assim é resultado do juízo que a pessoa faz de si mesma e dos outros, pelo uso da mente discriminante. Quando julgamos, geramos um sentimento de separação, pela criação de idéias de sujeito e objeto. Então o sujeito julga o objeto. Se olhamos diretamente para o sol, a luz forte ofusca o olhar. Se a mente busca somente a perfeição, não pode verdadeiramente enxergar nada: sempre verá imperfeição, desprezando a perfeição inata. Devemos ser como o sol. Se não estamos brilhando "aqui", desse modo, estamos brilhando "lá", de outro modo. Se o céu está escuro, isso não significa que o sol esteja escuro.

O nosso verdadeiro eu, o nosso ser espiritual, é inerentemente ilimitado. No dia-a-dia, nos esforçamos por desenvolver as nossas capacidades, por expandir as limitações temporárias da nossa forma. É o nosso criativo esforço humano, o modo como exprimimos o nosso verdadeiro eu. Empenhar-se ao máximo dentro dos limites da forma humana é o modo de exprimir a inerente ilimitação.

Meio maluco: um relato

— Venha até o meu escritório, por favor.

— Já vou — respondi.

A inquietação começava a se agitar dentro do meu peito quando pus o telefone no gancho e me preparei para ir falar com o chefe. Nunca sabíamos o que esperar dele.

Eu fazia parte de um grupo de seis gerentes que trabalhavam para um executivo extremamente inteligente e criativo. Nos seus anos de IBM, ele havia ganho várias patentes e prêmios por inovações técnicas. Normalmente, era um homem otimista, jovial, com um agudo senso de humor. Geralmente era uma ótima companhia. Por vezes, se mostrava bastante generoso nos elogios, reconhecendo o trabalho bem-feito.

142   ZEN NO TRABALHO

Mas também gostava de usar o seu intelecto e a sua autoridade para bajular, manipular e ameaçar. Parecia sentir prazer em constranger publicamente as pessoas que trabalhavam para ele. Certa vez o vi encher de lágrimas os olhos de um engenheiro sênior bastante competente durante uma reunião com os outros gerentes. Depois dessa reunião, ouvi um dos outros gerentes lhe dizer:

— Não foi uma atitude muito legal da sua parte.

— Não preciso ser legal quando estou por cima — respondeu ele, gracejando.

Ele gerava insegurança e *stress* dando instruções conflitantes e freqüentemente mudando os planos. Gostava de casualmente mencionar vagas idéias que tinha de remanejamento. Trabalhar para ele era um desafio.

— Entre e feche a porta. Sente-se.

Fiz como ele mandou, sem gostar do tom agourento da sua voz.

— Esse memorando que você escreveu, que diabos você quis dizer?

— Deixe-me ver — falei, já começando a me levantar da cadeira. Não fui longe.

— Cale a boca e sente aí! — berrou.

Senti-me irritado e humilhado durante os vinte minutos seguintes, enquanto discutíamos um item relativamente insignificante de um projeto em que eu trabalhava. O memorando em questão carecia apenas de um pouco mais de clareza; não merecia o tipo de conflito que ele estava criando. Embora eu soubesse que o meu chefe às vezes parecia meio maluco, jamais ele me dera uma bronca assim tão raivosa.

Fiquei furioso por várias horas depois da bronca. Na manhã seguinte, durante o zazen, o incidente ainda me voltava insistentemente à memória. Como se assistisse a um filme ali sentado na almofada, eu via uma vez atrás da outra que havia perdido a calma rapidamente, que as emoções haviam instintivamente tomado conta de mim.

Semanas mais tarde, quando o chefe novamente me jogou na cara a sua arrogância, notei algo que me havia escapado antes. Percebi que a sua raiva irracional — revelada nos olhos arregalados, na boca torta e no tom de voz alterado — era uma manifestação de medo. Assim, embora eu também sentisse a raiva querendo me dominar, a consciência que tive do sofrimento dele me possibilitou controlar as emoções, evitando que interferissem na parte profissional da discussão. Na terceira vez, não fiquei irritado com a sua aspereza. Reconhecendo a origem da sua necessidade de diminuir e dominar os outros, aprendi a ter paciência com a sua excentricidade e a não interpretar esses ataques como algo pessoal contra mim. Passei a me esforçar bastante para ouvir, admitir e não ficar na defensiva quando diante dos seus comentários ácidos. Depois disso, as nossas reuniões ficaram mais calmas e mais racionais. Pouco mais tarde ele foi remanejado para o cargo de consultor técnico, cargo não gerencial. Nos anos seguintes, a sua competência inovadora e criativa gerou soluções brilhantes para difíceis problemas técnicos.

O budismo ensina que toda pessoa é Buda, mas que o medo e o ego facilmente iludível nos impedem de ver os outros de um modo ilimitado, de tratar os outros com respeito. O zen é a prática que leva a pessoa a descobrir por si mesma essa verdade, e não meramente a aceitá-la só porque faz parte das escrituras budistas. Perceber os outros com a Grande Mente do zazen equivale a compreender que não há necessidade de destruir um relacionamento quando nos sentimos irritados por alguém que tenha agido insensatamente, ou que talvez seja meio maluca.

O dom da intrepidez

O raciocínio e a tecnologia deram ao mundo moderno enorme liberdade intelectual e material. Mas, apesar dos avanços científicos, a humanidade ainda é assolada pelo medo. A capacidade analítica e a tecnologia não conseguiram nos livrar das mais íntimas inquietações. Na verdade, é mais provável até que contribuam para aprofundar essas inquietações, pois corroem e diminuem o elemento pessoal, "irracional", dos relacionamentos humanos. Fazem as pessoas se sentir separadas umas das outras e do mundo. Se pretendemos mesmo superar essas inquietações, temos de debelar a sensação de separação, enfatizando a inata unidade. Precisamos firmar relacionamentos estáveis uns com os outros, baseados na nossa interdependência intrínseca. Fundamentalmente, é uma questão de expressar quem realmente somos.

Na prática espiritual, damos o dom da intrepidez uns aos outros. No budismo, a intrepidez é o fundamento da vida espiritual. Dar a intrepidez equivale a dar o dharma, ajudando as pessoas a compreender a verdade. Sabemos que quando sentimos medo e inquietação, a mente fica agitada e a confusão nos invade. Mas quando nos livramos do medo, a mente fica calma e abandona as ilusões e os apegos.

Se queremos mesmo distribuir o dom da intrepidez, precisamos primeiro ter uma contínua confiança em nós mesmos. Não somente confiança nas nossas capacidades e habilidades, mas a confiança que vem da compreensão do nosso verdadeiro eu. Depois precisamos ser capazes de transmitir essa autoconfiança aos outros. E isso fazemos por meio da prática contínua, que é a expressão da nossa confiança.

Se sentirmos medo, não devemos sufocar esse sentimento. Não devemos tentar *não* pensar nele. No final, teremos mesmo de enfrentá-lo, pois não podemos fugir dele indefinidamente. Se sufocamos o medo, temos de despender um esforço cada vez maior para mantê-lo sufocado; então, quando finalmente emergir, estará bem forte. Aí sim a inquietação toma conta de nós. Aí podemos até explodir.

Imagine a cena: ouvimos estranhos ruídos como se uma fera arranhasse as paredes de casa, rosnando; temerosos, pegamos o martelo e pregamos tábuas para trancar a porta. Se o ruído aumenta, pregamos mais tábuas. A cada intensificação dos ruídos, pregamos ainda mais tábuas; só que, tentando manter algo lá fora, acabamos nos trancafiando dentro de casa. Temos de ouvir atentamente para perceber que o que ouvimos não é nenhuma fera faminta que vem nos devorar. Somos nós mesmos querendo voltar para casa. Portanto, ainda que sintamos medo, devemos tentar simplesmente meditar com uma atitude confiante. Não precisamos esperar que o medo diminua para praticar.

Não podemos pôr fim ao medo tentando acabar com ele ou mantê-lo afastado. Não devemos tentar controlar a mente ou os sentimentos. Em vez disso, devemos ficar atentos ao medo e tentar compreender o seu significado. Essa revelação do medo é também a forma de nos libertarmos dele. O medo diminui quando o acolhemos.

Quando a pessoa compreende a si mesma e os seus medos, consegue enfim enxergar que a causa do medo é a idéia equivocada que ela tem daquilo que é. Assim, quando abandonamos o ego,

INTREPIDEZ

vemos também a origem dos medos dos outros. Então, mesmo que eles façam de nós objeto de crítica ou raiva, não consideramos essa atitude como algo pessoal contra nós, mas a interpretamos como uma manifestação do seu medo e da sua incompreensão. Desse modo, conseguimos manter a mente equilibrada diante do medo, distribuindo a todos o dom da intrepidez.

A sabedoria da incompetência

Para alcançar a serenidade mental, precisamos saber ser incompetentes. Isso pode soar esquisito, mas na verdade é a prática espiritual. Quando a pessoa começa a praticar, é comum pensar: "A meditação zen vai me fazer competente". Mas quem pratica com essa idéia em mente não entendeu ainda o espírito do zazen.

Geralmente ninguém gosta de se sentir incompetente. Isso porque associamos a sensação de incompetência com a falta de autoconfiança. Mas a falta de autoconfiança não vem da falta de habilidade específica em determinada atividade, ou da falta do conhecimento completo sobre algo. A falta de confiança surge quando a pessoa não reconhece o seu verdadeiro eu, não compreende o verdadeiro fundamento da confiança. Significa que a visão que ela tem de si mesma é estreita, limitada às suas capacidades e à sua personalidade, ao seu pequeno ego.

A prática espiritual não desmerece a competência. A vida é gratificante se somos competentes em muitos campos. Porém, a vida muda continuamente, e muito freqüentemente nos envolvemos em situações e atividades com as quais temos pouca familiaridade. Temos de desenvolver atividades que para nós são ambíguas e confusas. Portanto precisamos estar prontos para agir mesmo diante da nossa incompetência.

A nossa prática é compreender a verdadeira base da confiança. No zazen, é importante alargar o mais possível a mente, fazendo com que ela reconheça e abarque tudo o que surgir. E inserimos essa mente ampla no cotidiano tentando cuidar de cada coisa que surge. A nossa prática é cuidar daquilo de que precisamos cuidar, quer tenhamos ou não grande habilidade. Não nos preocupamos se somos temporariamente incompetentes. Basta que depositemos confiança na nossa verdadeira natureza, sem nos preocupar com o pequeno ego.

Nos mosteiros budistas tradicionais, os monges recebem tarefas específicas. Eles não dizem: "Não posso fazer um trabalho diferente? Sou muito melhor jardineiro que carpinteiro". Eles precisam aceitar as tarefas que lhes cabem sem pensar em competência. Precisamos mergulhar no trabalho, em total ignorância se necessário. Basta mergulhar com plena confiança. Precisamos ter a disposição de aceitar a incompetência, avançar pouco a pouco até saber o que estamos fazendo.

Diferentemente do mundo dos negócios e da tecnologia, a prática monástica do zen não se preocupa em atribuir tarefas especializadas a pessoas altamente treinadas. Assim, de certa forma, é uma instituição bastante ineficaz. Mas inerentemente a nossa vida é ineficaz. Sempre nos vemos obrigados a fazer coisas que não sabemos fazer. Em termos de eficácia ou produtividade, isso não faz sentido, mas é imprescindível para que expressemos a nossa verdadeira natureza.

Precisamos nos situar no mundo abrangente, o mundo da nossa verdadeira natureza. Se limitamos as nossas atividades àquelas em que nos sentimos competentes, limitamos a nossa vida. Sentimos a vida ilimitada quando não limitamos deliberadamente as nossas atividades. Simplesmente nos empenhamos ao máximo em todas as coisas, grandes ou pequenas. Então o nosso empenho abarca tudo, e nos encontramos enfim no mundo abrangente.

A prática do zen nada tem que ver com julgar quem "medita bem" ou não. O importante é apenas que cada um se empenhe ao máximo, com toda a sinceridade. Pouco importa que alguns alcancem algo e outros não. O empenho máximo e contínuo no mundo em que vivemos agora é a prática espiritual. Entrar entusiasticamente no mundo da incompetência é a própria iluminação.

Situar a vida no mundo abrangente não significa abandonar a vida no mundo comum, do dia-a-dia. Simplesmente não deixamos que as ilusões nos dominem. Se nos aferramos apenas a atividades nas quais somos competentes, atentamos somente numa pequena parcela da nossa mente. Mas isso não é ter paz de espírito. Precisamos deixar de nos preocupar com as várias parcelas da mente se realmente pretendemos alcançar a paz de espírito. Exibindo esse tipo de atitude, jamais nos vemos obstruídos naquilo que fazemos ou em qualquer relacionamento.

Na prática do zazen, estritamente falando, não sabemos o que estamos fazendo. Quando os amigos nos perguntam porque o fazemos, não temos uma resposta precisa a dar. Simplesmente achamos que devemos continuar. Em meio à incerteza e à incompetência, exprimimos plena confiança no nosso verdadeiro eu. Sabemos que a nossa vida muda constantemente e que é impossível segurar as comodidades que criamos para as várias parcelas da mente. Elas desaparecem de um momento para o outro. Quando percebemos essa verdade, tomamos consciência de que precisamos depositar a nossa confiança em algo distinto dessas pequenas comodidades.

Depositar a confiança no verdadeiro eu significa deixar de tentar dar comodidade às várias parcelas da mente. Quem resolve praticar assim, desiste de trocar confiança por comodidade. Assim, mesmo que às vezes não nos sintamos muito bem praticando, isso não nos preocupa. Simplesmente depositamos a confiança na nossa verdadeira natureza e no nosso desejo de praticar.

Apenas algo de que cuidar: um relato

A minha última "carreira", de redator técnico, começou quando eu já tinha 28 anos de IBM. Corria o ano de 1986. O ambiente profissional nem de longe lembrava aquele mundo em que entrei trinta anos antes. A revolução da informática mudara a paisagem. Longe iam os tempos dos cartões perfurados, da interminável demora do processamento e das enormes pilhas de relatórios impressos. Primeiro vieram os terminais de vídeo *on-line* ligados a grandes computadores centrais, o que levou à mesa de trabalho de cada profissional a capacidade de processamento de dados e informações. Agora, os microcomputadores possibilitavam ao profissional montar um horário de trabalho flexível, longe do escritório.

Na época, a empresa precisava de redatores que produzissem manuais técnicos e outros documentos para a nova onda de programas de

148 ZEN NO TRABALHO

computador da IBM. A empresa estava recrutando redatores técnicos de dentro e de fora dos seus quadros. Eu desenvolvia um trabalho especial na área de educação, criando cursos para aumentar o conhecimento dos técnicos da IBM nas áreas de engenharia, manufatura e gerência.

A minha paixão pelo ensino surgira ainda no exército, trinta anos antes, quando ensinei eletrônica e radar. Acabei me transformando num instrutor muito competente e, no decorrer dos anos, desenvolvi e ministrei diversos cursos na IBM. Atividade empolgante e criativa, a educação era a minha idéia de trabalho perfeito. Mas o crescente campo de redação técnica me ofereceu uma oportunidade única.

Eu tinha então 53 anos, a dois anos apenas de poder requerer a aposentadoria. Nos últimos anos, eu já vinha pensando numa forma de poder dedicar mais tempo ao Kannon Do e à investigação da relação entre a prática do zen e o estilo de vida americano. Agora a tecnologia me oferecia essa oportunidade. Decidi estudar a área da redação técnica nos próximos anos na IBM, depois me aposentar e então, com um microcomputador, passar a trabalhar como redator autônomo em casa, ganhando o tempo e a flexibilidade de que eu precisava.

Eu tinha muito a aprender no início da minha nova carreira. A minha experiência com textos se resumia a relatórios técnicos, propostas de venda, planejamentos de negócios e memorandos profissionais; não tinha praticamente experiência nenhuma em redação criativa, em técnicas que seduzissem e orientassem o leitor. Além disso, o meu conhecimento de programação e *software* era obsoleto, com defasagem de pelo menos dez anos. Muitos dos redatores técnicos que estavam sendo contratados eram jovens recém-formados em ciência da computação ou comunicação, oriundos das melhores universidades. Alguns já tinham título de doutorado. Do ponto de vista de competência técnica, eu era carta fora do baralho. Mas acreditava ter experiência bastante em áreas afins para aprender o necessário.

Atribuíram-me um projeto já em andamento. No meu primeiro dia, sabendo bem pouco do novo *software* e dos instrumentos e meandros da redação técnica, percebi que estouraria em algumas semanas o prazo de entrega do trabalho. No meio da manhã, estando eu mergulhado em confusão, entrou no meu escritório uma moça de traços delicados, trazendo uma enorme pilha de documentos e manuais. Sem parar para dizer bom-dia ou me contar como passava, disse: "Aqui está o seu *kit* de redator". E, largando a pilha de papéis na minha mesa, fez meia-volta e saiu. Fiquei espantado com a rapidez da moça. Não podia deixar que ela fosse embora assim; precisava fazer o maior número possível de contatos pessoais nesse ambiente desconhecido.

Quase correndo, alcancei-a no meio do corredor; consegui fazer com que parasse um pouco, tempo suficiente para que nos apresentássemos um ao outro e para eu saber que estávamos no mesmo projeto. Ela era muito brilhante, e também muito tímida. Ajudou-me muito nos meus primeiros dias de redator.

Os primeiros meses foram difíceis: eu precisava tentar entender o que tinha de fazer, para depois descobrir como fazê-lo e enfim produzir algum resultado. Mas eu sabia que, fossem quais fossem as deficiências que eu tinha no momento, não passavam de problemas que podiam ser resolvidos. Pouco a pouco, aprendi as técnicas indispensáveis e conheci também o novo produto. Dali a quatro meses, já não estava mais atrasado.

Deu muito trabalho, mas não foi uma grande proeza. As pessoas vivem fazendo esse esforço em toda parte, pois há momentos na vida em que a segurança e a comodidade precisam ser colocadas em risco, momentos em que precisamos ter a coragem de mergulhar numa situação incerta — que promete um longo período de tensão e confusão —, pois sabemos que algo maior está em jogo. Esse foi para mim um desses momentos. Trinta anos antes, não sei se teria a determinação necessária.

O serviço de redator técnico implica trabalhar com os programadores, para entender plenamente as funções do novo *software*. Tive dificuldades com certa pessoa, um jovem muito brilhante e ativo. Não compreendia alguns detalhes técnicos das funções que os seus programas ofereciam, mas tinha de explicar as novas funções na documentação.

Na primeira vez em que nos encontramos, ele parecia arredio e relutante em conversar; as suas respostas foram vagas e incompletas. Tive de insistir para obter explicações completas. Nos encontros seguintes, ele se mostrou impaciente comigo e com as minhas perguntas. Mais que isso, mostrou-se irritado. Os outros redatores também diziam que era difícil trabalhar com ele. Ainda assim, eu achava que a sua atitude nada tinha a ver com nós redatores. A sua irritação e a sua impaciência — a raiva — provinham do medo.

Às vezes as pessoas têm dificuldade para doar: não doar coisas materiais, mas doar-se a si mesmas. Temem que dividindo sentimentos ou idéias — mesmo informações desprovidas de qualquer emoção —, acabarão entregando o seu próprio ser, acabarão "perdendo" o próprio ser, nada mais tendo a que se apegar, lançadas à deriva na corrente. Esse medo se exprime em raiva, contra os outros e contra o mundo que as cerca. Não é por acaso que a *doação* budista é a primeira virtude cultivada pelo bodhisattva.[1] Superar o medo da doação — cultivar um espírito generoso — é a melhor maneira de afrouxar o apego do ego a si mesmo.

Entre as minhas tarefas estava então reduzir a tensão que esse programador sentia ao trabalhar comigo. Eu não queria que ele achasse que eu estava lhe tomando alguma coisa quando ele me dava explicações técnicas. Antes, queria que ele sentisse que eu estava lhe dando algo, que nós estávamos dando algo um ao outro. Procurei manter um sentimento equilibrado e unificado entre nós. Quando pressentia o surgimento da noção de separação, procurava adaptar o que eu dizia, e como dizia, e também os meus gestos, experimentando continuamente no intuito de encontrar modos criativos de trabalharmos juntos. Em tudo o que eu dizia ou fazia, procurava transmitir-lhe a idéia de que "a sua explicação vai me ajudar a comunicar a importância do *seu* trabalho aos nossos usuários". Muito embora a nossa relação profissional jamais tenha sido totalmente descontraída e natural, as nossas conversas ficaram mais soltas, mais completa a troca de informações.

capítulo 12

Desprendimento

Desapego

A doutrina budista do vazio destaca a impermanência de todos os fenômenos do mundo. Sublinha a ilusão de mentalmente apegar-se a coisas que não têm substância, essência permanente. Não podemos avaliar plenamente essa verdade fundamental se nos baseamos apenas nas palavras das escrituras: temos de verificá-la na prática. E o fazemos prestando cuidadosa atenção às atividades da mente. Observando continuamente os pensamentos e os sentimentos que surgem, reconhecemos que são transitórios, que cada idéia e emoção é bem rapidamente substituída por outra. A prática da meditação demonstra vividamente a natureza impermanente de todas as coisas.

Na prática do zen, nos empenhamos ao máximo para evitar o apego ao resultado da atividade da mente. Porém, como logo aprendemos, não é tão fácil se desprender de idéias e emoções. A mente está sempre tentando se enredar em torno de "alguma coisa" — uma idéia, uma fantasia — que ela acredita ser palpável, ou pelo menos quer que seja palpável. Mas como essa coisa inerentemente não tem substância, todo empenho em se apegar a ela só gera confusão e sofrimento.

Imagine um homem que continuamente mantém o punho fortemente cerrado. Se os seus amigos tentam convencê-lo a abrir a mão, ele declara que está segurando algo valioso, e que por isso precisa manter a mão fechada. Mas quando lhe sugerem olhar atentamente para aquilo que tem na mão, ele vê que não está segurando absolutamente nada. Com a mente liberta, ele pode naturalmente afrouxar o punho.

Sentimentos e emoções são como fumaça; palavras, pensamentos e idéias são como nuvens. Podem ser belos, podemos até gostar de admirá-los, mas não podemos agarrá-los. A infelicidade nasce do apego a crenças e emoções, como se fôssemos crianças tentando agarrar o vapor ou bolhas de sabão. Essa é a ilusão de que fala o budismo. Mas é preciso compreender que a ilusão está no apego, não na crença. Em si mesmo, aquilo em que acreditamos pode ser verdadeiro ou não, mas se cremos em alguma coisa com apego, não há espaço para o surgimento de uma nova verdade ou de uma nova compreensão.

A mente se move constantemente; é impossível pará-la. Se tentamos parar a mente, não compreendemos de fato a sua natureza. A prática do zen é ficar atento à mente, reconhecer o seu movimento, sem se deixar distrair por ele. O modo de acalmar a mente é não se deixar distrair pelo seu constante movimento. Por isso não há necessidade de tentar parar a mente. Basta não se deixar enredar pelo seu movimento. Então podemos ver como as coisas realmente são.

Portas abertas: um relato

— Verifique esses números com o pessoal do setor financeiro. Você tem de acompanhar a situação. Experimente uma estratégia diferente. Veja se o *marketing* concorda antes de prosseguir. Você precisa entrar em contato com todas as pessoas da lista.

Eu conversava com um executivo da IBM. Depois de trinta minutos dessa conversa de mão única, comecei a ter dificuldades para me concentrar no falatório. Cada vez que ele dizia "tem de", ou que usava outra expressão semelhante para me dizer o que fazer, eu sentia que ele tirava um pouco da minha independência, eliminando a chance de eu fazer as coisas do meu jeito, de aprender por conta própria. Anotei as sugestões, mas mentalmente já havia fechado as portas às suas idéias.

Repassando as anotações da reunião alguns dias depois, surpreendi-me reconhecendo que as sugestões dele eram válidas e úteis. Sumira a amarga raiva do exasperante "tem de". O tempo arrefecera a minha emoção. Agora eu encarava as suas observações por um novo ângulo, considerando-as idéias úteis, não mais ataques à minha liberdade. Foi um exemplo vívido de como as emoções podem facilmente distorcer a realidade.

De lá para cá, fiz questão de tentar ficar atento aos sentimentos que surgem durante o dia. Não foi fácil. A princípio, colhi mais fracassos que sucessos, reparando que a minha atenção esmorecia. Mas pouco a pouco fui aprendendo a perceber a centelha das emoções assim que elas começavam a surgir. À medida que a consciência foi aumentando, pude manter uma distância mental dos sentimentos, separá-los do problema em questão ou da conversa em curso. O *stress* diminuía à proporção que os relacionamentos ficavam mais suaves e os problemas, mais fáceis de resolver.

Ao longo do tempo, as distrações escasseavam. A plena atenção às tarefas e aos relacionamentos se tornou natural. Cada vez mais eu notava o surgimento das emoções, e assim evitava a teimosia, a crítica e a apatia que elas geram. Isso não significa que atingi 100% de consciência de cada emoção nascente. Ainda me vejo enredado pela raiva, pela impaciência, pela indiferença, por uma variedade de tendências egoístas. Mas quando observava o que estava acontecendo, eu podia escolher entre continuar enredado numa emoção ou me desprender dela.

A prática do zen abarca tanto a consciência quanto o abandono dos desejos. A primeira parte é relativamente fácil. Quando a prática do zazen se torna mais natural, a mente fica suave e flexível, e as defesas emocionais desmoronam, revelando as ilusões e o auto-engano. Depois do reconhecimento vem a parte difícil: ter a determinação de não se apegar aos jogos mentais do ego, às suas discriminações, às suas fantasias. Essa segunda parte — abandonar, desprender-se — é o fundamento da expressão da prática espiritual no cotidiano. Baseia-se em dar prioridade a um relacionamento harmonioso com os outros, deixando em segundo plano a proteção das concepções que se tem do próprio ego. Uma fotografia das pessoas sentadas no zazen pode dar uma vaga idéia daquilo que é a prática do zen. Mas é impossível fotografar a determinação exigida para realmente perseverar na prática.

Como viver sem se lamentar

Uma mulher certa vez me falou de uma amiga à beira da morte que dizia se lamentar por lhe restar tão pouco tempo para compreender a vida. Ela não sabia o que dizer à amiga. É uma questão tocante, e importante para todos nós. Acho que a melhor coisa que podemos fazer pelos amigos e entes queridos que têm esse tipo de pesar é incentivá-los a praticar a atenção a cada momento, pois a compreensão da vida só pode existir na consciência da nossa atividade presente.

Se olharmos para trás refletindo sobre aquilo que consideramos oportunidades perdidas, certamente lamentaremos o passado. E se olharmos para a frente observando que nos restam poucas oportunidades, também lamentaremos o futuro. Mas o tempo não é o fundamento da nossa vida. A vida enfatiza o não-tempo: enfatiza o *agora*. Então concentramos toda a nossa vida no momento presente e incluímos também todo o mundo na nossa atividade presente.

Se lamentamos o mal que geramos por algo que fizemos ou dissemos, podemos aprender com esse erro. Isso faz parte do desabrochar da sabedoria. Mas não podemos viver no passado; temos de voltar ao momento presente. Lamentar toda a nossa vida significa não compreender a vida. Significa que enxergamos a vida tolhida por limitações — limitações físicas, emocionais e temporais. Quando damos à vida a liberdade da ausência de limites, aí sim há compreensão; aí sim não há o que lamentar, mesmo que tenhamos cometido erros.

Como em muitas outras tradições espirituais, na prática do zen usamos bastante o incenso. Acendemos o incenso no início do zazen, e oferecemos incenso durante as cerimônias. A nossa vida deve ser como o incenso que oferecemos: reto e aceso. Na sala escura, mesmo um só incenso já ilumina o ambiente. O aroma do incenso purifica a sala e nos incentiva. E as cinzas que caem no incensário fornecem o crescente fundamento da próxima oferenda.

Ofertar incenso é ofertar a própria vida — ficar ereto, iluminar, encorajar. Além disso, essa oferta significa não lamentar a aproximação da morte. Simplesmente damos o máximo de nós para queimar o mais puramente possível.

A sociedade moderna divide a vida em várias fases. Temos a infância, a juventude, a meia-idade e a velhice. A tendência é celebrar a juventude e lamentar a velhice. Lamentamos a suposta passagem da juventude porque enxergamos a vida como uma série de fases dentro de um intervalo de tempo. Mas na verdade todas as fases existem simultaneamente. Podemos ter sempre a espontaneidade da infância, a liberdade e a curiosidade da juventude, a criatividade e a responsabilidade da idade adulta e a sabedoria da idade avançada.

A idéia da divisão da vida em fases existe somente na mente analítica. Quando não vemos a vida dividida em fases, somos exatamente como o incenso: queimamos com o mesmo brilho em todos os momentos, no início como no fim. Então não há o que lamentar.

Aprendendo a trabalhar: um relato

Hyakujo foi um dos mais influentes mestres zen da dinastia T'ang; atribui-se a ele a elaboração do código monástico do zen e o estabelecimento de uma ética de trabalho e serviço para os monges. Por meio do seu empenho, o trabalho se transformou na expressão mais significativa da prática do zen no dia-a-dia.

Nos seus últimos anos, Hyakujo continuava a trabalhar ao lado dos monges mais jovens, limpando o terreno e cuidando dos jardins do templo. Preocupados por verem o velho mestre trabalhar demais, e sabendo que ele não acataria o conselho de se esforçar menos, os monges esconderam as ferramentas de Hyakujo. Sem comentar o desaparecimento das ferramentas, Hyakujo imediatamente parou de se alimentar. Vários dias mais tarde, alarmados com a saúde do mestre, eles lhe devolveram as ferramentas. No mesmo dia, Hyakujo voltou a trabalhar e a comer com os monges. Na sua palestra à noite, exortou-os assim: "Um dia sem trabalho é um dia sem comida". Morreu em 814, aos 94 anos.

Na minha primeira ida ao Tassajara, em 1970, conheci muitos rapazes e moças que planejavam permanecer no mosteiro muitos anos. Não entendia por que eles queriam ficar tanto tempo. Por que eles não voltavam à empolgação e ao desafio da sociedade lá fora? Eu ruminava aquilo. Perguntei a um homem que já estava por ali havia algum tempo e que parecia compreender o que estava acontecendo.

— Alan, o que é que toda essa gente jovem está fazendo aqui?

— Aprendendo a trabalhar — disse ele.

Foi uma resposta esclarecedora, cujo significado só fui entender à medida que me enfronhei mais na rotina do Tassajara. De certo modo, "aprender a trabalhar" significava desenvolver a capacidade de prestar atenção. Significava aprender a executar tarefas com consciência e concentração, sem se deixar distrair pelo desejo de estar noutro lugar ou de fazer algo mais "animado", algo que prometesse mais gratificação pessoal.

E mais: "aprender a trabalhar" implicava "trabalhar" dentro do contexto de uma prática espiritual completa, incluindo muitas atividades diferentes todo dia. O dia usual de 16 horas do Tassajara começava por volta das cinco horas da manhã. A atividade física chamada "trabalho" consumia cerca de seis horas, aproximadamente equivalente ao tempo que se passava no salão de meditação praticando o zazen, participando de cerimônias, fazendo refeições e ouvindo palestras. O período de uma hora de estudo de manhã, mais o banho do final da tarde e os períodos livres depois das refeições completavam o resto do dia. "Aprender a trabalhar" significava aprender que a atividade chamada "trabalho" não era fundamentalmente diferente de qualquer outra atividade: cada qual exigia a mesma completa atenção.

A minha carreira na IBM foi exatamente isso: um contínuo aprender a trabalhar em meio à dança das tarefas. Por diversas vezes eu fui "monge", ou estagiário: como engenheiro, vendedor, gerente, redator técnico, cada vez aprendendo novas técnicas e tarefas. Mas ainda que cada nova vocação parecesse outra fase da minha vida profissional, como se algo velho terminasse para algo novo começar, no todo não houve fases. Houve apenas um "trabalhar" contínuo, constantemente mutante, que incluía muitas atividades diferentes.

Algumas pessoas parecem ter dificuldade para compreender o significado do trabalho e o modo de encará-lo. Sabendo que eu havia passado muitos anos na IBM, um rapaz veio conversar comigo sobre trabalho.

— Sou assistente administrativo de uma grande empresa de *software* — disse ele. — Não acho que seja o lugar certo para mim, nem a atividade certa para a minha vida. Você trabalhou muitos anos numa grande empresa. Como conseguiu? O que você me aconselha?

Ele estava agitado e claramente insatisfeito com a sua situação atual.

— O que você gostaria de fazer? — perguntei.

— Quero viajar e escrever. Já fiz alguns poemas e quero escrever um romance — disse ele, mostrando-me um poema que escrevera.

DESPRENDIMENTO 157

— Gostei bastante — disse eu. — Já escreveu muitos outros?

— Não, não muitos.

— Por que não?

— Porque preciso trabalhar.

— Por que você não escreve à noite ou nos finais de semana?

Ele ficou um bom tempo calado, como se avaliasse uma nova descoberta. Finalmente falou, com voz bem tranqüila:

— Não tenho feito isso.

Eu lhe contei como a prática do zen me havia ajudado a compreender por que o trabalho não se limita apenas às atividades que geram renda, mas inclui qualquer tarefa que temos de executar, quer nos venha por decisão pessoal ou pelas circunstâncias que nos escapam ao controle. Debatemos como a prática nos possibilita encontrar satisfação em todas as atividades, ensinando-nos a não julgá-las, a não rotulá-las "boas" ou "ruins", "empolgantes" ou "chatas", "trabalho" ou "lazer".

O mundo moderno nos oferece inesgotáveis oportunidades de expressar a criatividade, de desfrutar momentos de lazer e de ganhar a vida. Pode-se aprender a trabalhar em meio a todas essas opções inquietantes — é possível aproveitá-las sem se deixar distrair por elas — desde que se reconheça que "trabalho" é a expressão da natureza inata, da prática espiritual.

Rendição

Certa vez ouvi a história de um homem que saiu a caminhar pelos campos e montanhas. Subindo uma trilha íngreme, escorregou e começou a rolar encosta abaixo. No último instante, agarrou um ramo que crescia na encosta. Mas, pendurado no precipício, não tinha onde apoiar os pés. Ficou apavorado. Suplicou:

— Senhor, por favor me ajude! Se me tirar dessa enrascada, faço qualquer coisa que o senhor mandar. Por favor me ajude!

Então as nuvens se abriram e ouviu-se uma voz:

— Você disse que fará qualquer coisa?

— Sim, Senhor, qualquer coisa — respondeu o homem.

— Pois então solte o ramo — disse a voz.

— O quê? Está maluco? Vou morrer! — disse o homem.

A história versa sobre a teimosia, sobre o fato de nos recusarmos a dar ouvidos ao nosso verdadeiro eu. Mesmo quando lhe pedimos ajuda, mesmo quando ele nos fala diretamente, não damos ouvidos ao nosso verdadeiro eu. Em vez disso, continuamos apegados à pequena mente, que é cheia de idéias sobre como a vida deve ser. O que realmente precisamos fazer para salvar a vida se resume numa palavra: rendição. Mas é muito difícil acalmar a mente que teimosamente se aferra a idéias.

Quando ponderamos sobre a palavra *rendição* a partir de uma perspectiva espiritual, não a empregamos no seu sentido comum. Não nos entregamos como prisioneiros. Na prática do zen, *render-se* não significa "*desistir* da luta", mas sim "*perseverar* na luta". Abandonamos a teimosia, as idéias fantasiosas que temos sobre o que estamos fazendo. Render-se significa na verdade compreender que as coisas e as idéias não são permanentes, e que não há realmente nada a render. Quando compreendemos que não há nada a abandonar, aí sim realmente nos rendemos. Render-se e compreender caminham juntos. Um não tem precedência sobre o outro.

Essa história lembra a famosa parábola zen do homem pendurado no penhasco, agarrado a um galho somente pelos dentes. Alguém chega e lhe pergunta: "Por que Bodhidharma veio do oeste?"

Por um lado, se ele não responder cometerá um grave pecado, pois os budistas fazem o voto de ajudar as pessoas. Por outro lado, se responder, cairá para a morte. O homem está diante de um grande dilema.

A parábola é na verdade uma pergunta sobre como queremos levar a vida. Quando foi contada pela primeira vez por um mestre zen, reza a lenda que um dos monges que ouviam se pôs de pé de um salto e disse: "Não nos fale do homem pendurado na árvore. Quero saber como é que ele foi parar lá".

Como criamos os dilemas? Por que às vezes nos surpreendemos em situações que só nos parecem oferecer alternativas ruins?

Apegar-se à vida com os dentes, com a boca, é apegar-se à mente discriminante. Na verdade, nada podemos dizer quando nos apegamos à vida com palavras. Mas quando deixamos de nos apegar à vida com a boca, aí sim podemos dizer tudo. Quando deixamos de nos apegar às coisas com a mente analítica, compreendemos tudo. Se nos apegamos, nada compreendemos.

É preciso ouvir a voz espiritual. Mas como ouvi-la se a mente está sempre falando? A voz espiritual fala em silêncio. Não se pode ouvi-la com os ouvidos. Portanto não é uma voz no sentido usual. E, na verdade, não devemos nem sequer dizer "espiritual", como se nos referíssemos a algo de outro mundo. A voz espiritual é anterior à oposição de idéias como "espiritual" e "comum", "voz" e "não-voz".

Se largamos o galho, temos vida infinita. Temos compreensão ilimitada quando nos desprendemos, não mais nos apegamos à vida com a mente pequena, a mente das palavras. Simplesmente nos desprendemos. E quando fazemos isso, podemos responder à pergunta: "Por que Bodhidharma fez o que fez?" Quando nos rendemos, somos o próprio Bodhidharma.

Não é preciso se preocupar com o modo de encaixar a prática no dia-a-dia. Mas isso não significa deixar de prestar atenção. Basta não se preocupar com o "como fazer". Basta não se preocupar com planos ou técnicas. É só perseverar na prática. Quando a mente volta à prática, a prática se insere no dia-a-dia. Praticar significa render a mente pequena, ficar vazio e pronto para qualquer coisa. Render-se não significa abandonar a vida comum por algo chamado "vida espiritual". Render-se significa abandonar essas distinções, para que não haja diferença entre "espiritual" e "comum". Significa mergulhar na vida sem distrações.

Ondas do mar

A maioria das pessoas gosta de ir à praia. É um lugar místico, onde a estrutura clara e limitada do mundo da terra encontra o mundo sombrio, ilimitado e fluido do mar. A vastidão e a incessante atividade das ondas do mar sempre me inspiram. Elas aparecem, desaparecem e reaparecem em novos tamanhos e formatos. Às vezes parecem separadas uma das outras, às vezes não. Existe uma forte noção de continuidade no seu movimento.

É da natureza do mar estar constantemente trazendo e levando. O mar toca o estruturado mundo da terra, depois volta ao seu mundo vasto e ilimitado. Ele nos faz lembrar a nossa natureza original, profunda e ampla, indo e vindo. Na atividade do mar reconhecemos o nosso verdadeiro eu. Surgindo do vasto mar, a onda é a atividade do mar. O mar é vastidão, o mar é atividade.

A vida também é assim. A nossa atividade se dá em meio à tranqüilidade, em meio à vastidão. Porém, quando nos preocupamos demais em enfatizar as pequenas atividades cotidianas, esquecemos a nossa vastidão. Enfatizamos excessivamente as ondas da vida. Esquecendo a vastidão, tentamos fazer as atividades parecer importantes.

Temos de nos precaver contra a idéia da nossa própria importância, senão inflamos o ego como se fosse um balão. Por mais que queiramos enchê-lo, o balão tem limites. Mas o mar é ilimitado e, do mesmo modo, a nossa verdadeira natureza é ilimitada. A melhor coisa a fazer é abandonar a idéia da importância das nossas atividades, deixando apenas que apareçam no meio da vastidão. A onda não existe sem o mar, como tampouco pode o peixe ser peixe sem o mar. A atividade humana não existe separada da vastidão. O ilimitado é a fonte das nossas atividades limitadas.

Para entender o mar, temos de abrir a mente. Temos de entrar no mar da Grande Mente. Isso não significa entrar num mundo diferente, como Alice atravessando o espelho. Para entrar no mar da Grande Mente, temos de perceber o nosso eu ilimitado em meio ao mundo limitado do cotidiano. Para alcançar a Grande Mente, nós mesmos precisamos ser a Grande Mente. Precisamos estar plenamente conscientes da nossa atividade presente, determinados a atentar ao momento presente.

Como ondas, as pessoas, as coisas e as atividades vêm e vão. Às vezes ganhamos algo, às vezes perdemos algo. Contudo, nada se perde se continuamos no mar da Grande Mente. Mesmo que percamos um ente querido, não há na verdade problema nenhum. Naturalmente lamentaremos, sentiremos tristeza. Mas fundamentalmente não há lugar aonde ir. Há somente a continuação da nossa atividade original.

É justamente por sermos o mar que podemos ter ondas. Ao mesmo tempo, como somos o mar, devemos abrir mão das ondas. Para nós é impossível não ser mar. Por isso não damos muita importância ao ir e vir. Importante é o fato de sermos o mar, sendo verdadeiramente nós mesmos.

Não podemos exprimir a nossa condição de mar se nos apegamos às idéias que formamos acerca de nós mesmos. Quando nos deixamos iludir pelas noções do pequeno ego, esquecemos a nossa verdadeira natureza. O zazen é o meio pelo qual retomamos uma atitude desapegada, pelo qual exprimimos quem realmente somos, pelo qual exprimimos a condição vasta, "oceânica", do nosso ser.

Embora não seja possível ao ser humano perder a natureza original, é possível desprezá-la. Assim praticamos o zazen para exprimir a nossa natureza. Não podemos ser "não-Buda". Somos sempre o mar. Ao mesmo tempo, somos sempre a onda. Mas o mar e as ondas não são dois mundos distintos. Cada atividade é uma atividade da nossa vasta natureza.

Saindo das cavernas

A maioria das pessoas quer ver o mundo somente com os próprios olhos, do seu ponto de vista pessoal. Mas isso é como ver o mundo de dentro de uma caverna. E quanto mais penetramos na caverna, mais estreita é a nossa visão de mundo. Gostamos de ficar bem lá no fundo das nossas cavernas, cercados pelas escuras paredes das nossas velhas crenças e opiniões. A caverna parece quente e segura. Queremos ficar longe do frio mundo da incerteza, onde as coisas mudam constantemente.

Usamos diversas armas, inclusive a negação, a crítica e a raiva, para proteger a caverna. Usamos essas armas contra os outros quando achamos que a caverna está sob cerco. Porém mais tarde, se sentirmos remorso pelos sentimentos negativos que geramos, temos a oportunidade de ver como nos portamos e como enxergamos o mundo. Então temos a chance de ver que o mundo não existe só para o nosso desfrute, que a nossa vida não existe somente para nós mesmos. Vemos então que as nossas idéias e crenças não são a verdade absoluta, e que não há necessidade de ir à guerra para proteger a nossa caverna.

Quando alcançamos essa compreensão, temos a oportunidade de sair da caverna das emoções e das crenças. Então podemos ver o mundo inteiro e as coisas como são. A prática do zazen é o meio pelo qual saímos da caverna primitiva, pelo qual abrimos o campo de visão. É assim que fazemos surgir a Grande Mente.

Os homens primitivos se revezavam na guarda das cavernas; os soldados se revezam na guarda de fortes e cidades; os seguranças se revezam na guarda dos edifícios. Mas ninguém mais está interessado em nos ajudar a guardar as nossas cavernas. Pois são cavernas individuais, e temos de guardá-las sozinhos. Portanto, se insistimos em nos aferrar a antigas crenças, precisamos estar constantemente em guarda. Mas a atividade constante de guardar a caverna da mente limita a vida. A prática é abandonar a guarda do pequeno ego e respirar a confiança. Abrimos mão do desejo de nos defender quando compreendemos que não há nada a guardar. A prática espiritual é a forma de entregar as armas.

Abandonar o desejo de se defender ou de guardar a caverna não significa deixar de cuidar da própria vida. Alguém certa vez perguntou: "O que diz o budismo sobre a defesa pessoal?" É uma pergunta interessante. Preservar a vida é natural, portanto defender a existência física não contradiz a prática espiritual. Às vezes defesa pessoal significa simplesmente ter cuidado, olhar para os dois lados antes de atravessar a rua.

Mas existe também a defesa pessoal emocional. Se o ego é obstinado, a pessoa vai querer defender as suas crenças e opiniões, guardar a sua caverna. Mas quando a pessoa abre mão do ego, não sente mais necessidade de defender as suas idéias contra as outras pessoas. Então não há negação, crítica nem raiva. Ela simplesmente ouve e procura compreender como o ego se defende. E vê como ele sofre e como a atividade de defender a *sua* caverna esgota o ego. Quando a pessoa não se desgasta na defesa pessoal emocional, não se machuca e pode assim ajudar os outros.

Mas o que queremos dizer com defesa pessoal? Que pessoa é essa, que "eu" é esse que precisa ser defendido? Na verdade, é um eu bem vasto. Nós o chamamos Grande Eu porque ele abarca tudo. O Grande Eu não sou só eu; o Grande Eu não é só você. Quando entendemos o Grande Eu, é então que entendemos a defesa pessoal. No seu sentido verdadeiro, defesa pessoal é cuidar de tudo, incluir todos os outros e o ambiente. Praticando o zazen diariamente, podemos dividir com os outros a nossa prática. A iluminação surge quando não há mais "nós" nem "eles". Surge quando abandonamos totalmente a caverna do pequeno ego.

Castelos de areia

Todo ano, no final de semana do Dia do Trabalho, uma das cidades praianas perto de onde moramos organiza um concurso de esculturas na areia. As pessoas gastam horas e horas criando obras de arte singulares na areia. A praia fica lotada, e todos adoram, admirando castelos, dragões, trens, personagens de desenho animado e outras expressões artísticas. No dia seguinte as esculturas de areia já não existem. A praia está lisa e plana, não revelando vestígios do que se criou ali.

Inerentemente, a areia é informe. Independentemente do que fazemos com ela, a areia conserva a sua característica fundamental. A sua verdadeira natureza é voltar à superfície plana, lisa, contínua. Ela sempre retoma a sua verdadeira natureza. Como ela é flexível e informe, podemos modelar na areia qualquer forma que quisermos. Por mais que a modelemos de formas bastante criativas, a areia sempre volta à sua forma contínua, serena. Mas não nos importamos com isso, pois sabemos pela experiência que tudo o que criamos com a areia não dura. É justamente porque já conhecemos a natureza da areia que podemos brincar com ela.

Porém, quando criamos algo que julgamos substancial ou permanente, ficamos infelizes se o perdemos. Ficamos infelizes porque não compreendemos ou não aceitamos a inata natureza insubstancial das coisas. Não compreendemos que estamos ainda na praia. Todas as coisas têm a mesma natureza da areia. Tudo sempre retoma a sua verdadeira natureza informe, contínua, serena. Essa é a única natureza que as coisas podem ter. É da natureza da areia escorrer por entre os dedos, assim como é da natureza de todas as coisas escorrer por entre os nossos dedos e voltar à informidade.

A verdadeira natureza de todas as coisas é expressar o seu inato vazio. Só desse modo pode a vida se mostrar pronta a aceitar algo novo. Tudo o que fazemos, tudo o que criamos, deve estar sempre pronto a mudar. O mesmo acontece conosco. Sempre voltamos ao vazio. Vivemos num contínuo processo de abandono da forma. Do contrário, a vida não seria possível. Só podemos viver porque podemos morrer.

O vazio é a fonte da nossa existência. Construímos a vida sobre o vazio, e devolvemos a vida ao vazio. Estamos sempre indo e vindo. Ao mesmo tempo, não estamos indo, não estamos vindo. Amanhã, tudo terá desaparecido e tudo será novo. Assim tudo se prepara novamente para o surgimento de outra coisa.

Todas as coisas, não só as coisas que parecem belas, são inerentemente belas. Se a mente só vê o tipo de beleza que impressiona os olhos, então a mente também verá o feio. Por isso ela raciocina em termos de bem e mal, de feio e bonito, de bem-estar e mal-estar. A mente fica confusa e infeliz. Mas se vemos em algo a beleza antes que a mente o julgue bonito ou feio, então a mente não conceberá nem enxergará a feiúra. Enxergar a beleza antes que a beleza se revele aos olhos é algo que só acontece quando a mente está vazia e é a própria beleza. É assim que podemos compreender a verdadeira natureza das coisas, que não é diferente da natureza da areia.

Só podemos ver as coisas como realmente são se não dependemos da atividade pensante da mente. Ver as coisas só com a mente e os olhos é ver a vida e a morte, o bem e o mal, o feio e o belo. Ver as coisas sem depender somente da mente pensante é ver a verdadeira natureza de todas as coisas da praia, ou seja, ver o vazio. Só com a inata beleza da mente vazia é que podemos construir algo belo, que podemos criar algo que esteja em harmonia com a natureza vazia de tudo.

Se queremos morar na praia, precisamos compreender a natureza da areia. Precisamos perceber que não podemos mudar a sua natureza. Entender equivocadamente a natureza da areia é compreender equivocadamente o próprio eu. Se não enxergamos realmente a natureza da areia, vivemos cegamente. Não podemos controlar a areia, pois ela tem a sua própria natureza inata. Devemos trabalhar e viver em harmonia com a areia e com todas as coisas. Então é que podemos criar algo e descobrir algo. E podemos então dividir com os outros essa criação e essa descoberta.

DESPRENDIMENTO 165

Podemos nos lembrar das esculturas da areia de ontem, mas não mais podemos tocá-las. Amanhã podemos voltar à praia e nos divertir. Quando alguma coisa começar a escorrer por entre os nossos dedos, devemos soltá-la com alegria. Essa é a única maneira de viver a vida na sua plenitude.

Depois de quatro anos como redator técnico e quase 32 anos de trabalho na IBM, me aposentei em 1990. Comecei a trabalhar como redator autônomo daí a poucas semanas.

Quando me aposentei, a IBM era bem diferente daquela empresa em que iniciei a carreira. Desde o primeiro dia, passei boa parte do tempo mergulhado numa cultura basicamente masculina, muitas vezes caracterizada por uma postura relaxada e impulsiva, agressiva até. Eu adorava a empolgação daqueles primeiros tempos. Ao longo dos anos, porém, aquele mundo se transformou num ambiente mais sisudo e ponderado, menos sociável, menos descontraído.

As minhas duas carreiras, em muitos aspectos, sofreram mudanças análogas: as duas começaram na "máquina" e terminaram no "programa". Na minha última "carreira", trabalhei com uma nova geração de jovens altamente instruídos, dedicados e ponderados. Trocamos muito num curto tempo. Aprendi com eles novos conhecimentos técnicos, e lhes transmiti parte da minha bem gasta experiência. No meu último dia, uma das moças me deu uma caneca de café. Nela se lia: "Você faz tudo tão bem". Fiquei sem saber o que dizer: nada me parecia adequado. Sorrimos, nos abraçamos, num gesto que causaria espanto nos meus tempos de "máquina". A emoção dela, independentemente do seu grau de sinceridade, foi um testemunho de como os erros, a confusão e a decepção podem ser mudados em benefício dos outros.

capítulo 13

A espiritualidade no local de trabalho

Se a luta pela sobrevivência é a mais alta prioridade dos organismos vivos — animais, vegetais, seres humanos e as instituições que criamos —, não há razão essencial para não cumpri-la com dignidade. Queremos viver com dignidade. No escritório de uma grande empresa, no chão de fábrica ou nas docas do porto, queremos que o nosso local de trabalho tenha dignidade, e que nos tratem com dignidade. Além de ser estimulante e gratificante, queremos que seja seguro e cooperativo.

Mas ninguém pode fazer isso acontecer para nós. A empresa pode estabelecer políticas e procedimentos, e promover um ambiente profissional que enfatize o respeito pela pessoa, mas não podemos depender dos executivos distantes, nem mesmo do chefe no escritório ao lado, na esperança de que eles façam as relações humanas fluir sem sobressaltos dia após dia.

O desafio aumenta à proporção que as grandes empresas se afastam das estruturas hierárquicas e das decisões dependentes exclusivamente das chefias. Com o crescente enfoque atual nas exigências do consumidor, no trabalho conjunto de grupos interdisciplinares, nas parcerias entre as empresas e na atribuição das decisões aos níveis mais baixos, a gama de relações humanas no trabalho vem aumentando e mudando mais freqüentemente. O potencial de irritação e impaciência entre as pessoas também aumenta. Hoje, além das qualificações técnicas, o local de trabalho exige frieza e flexibilidade.

Fora os eremitas, são poucos os que hoje têm o luxo de evitar as pessoas com quem prefeririam não trabalhar. Assim, se queremos

A ESPIRITUALIDADE NO LOCAL DE TRABALHO   167

mesmo criar e conservar um ambiente profissional gratificante e digno, cada um de nós tem de dar a mais alta prioridade à manutenção de bons relacionamentos. Dignidade não significa só parecer digno. As empresas e também as pessoas podem até criar um verniz de dignidade, mas para implantar a verdadeira dignidade onde quer que estejamos, cada um de nós precisa expressar a sua inata dignidade espiritual.

O verdadeiro santuário

Quando entramos na sala de meditação vazia, especialmente pela primeira vez, temos uma nítida sensação de paz. O espaço desobstruído, acentuado pelas almofadas simples cuidadosamente arrumadas, parece silenciosamente vivo, um reflexo da inata beleza. Temos uma sensação de segurança, como se estivéssemos num santuário.

Uma grande igreja de pedra se parece muito com uma fortaleza. O pé-direito alto e as portas imponentes dão uma idéia de lugar de refúgio e proteção. Entrar nesse santuário tradicional é entrar na casa de Deus, o lugar onde deixamos para trás o mundo secular, onde estamos protegidos do sofrimento. Na maioria das tradições religiosas, o santuário é vedado ao mundo secular.

Porém, no budismo e na prática do zen, o verdadeiro santuário não está apartado da vida comum. O verdadeiro santuário abarca tudo, nada deixando de fora, pois não tem portas nem paredes. O verdadeiro santuário espiritual não é limitado por um espaço definido. Tampouco é somente um lugar onde encontramos segurança física e emocional. De fato, encontrar o verdadeiro santuário significa expressar quem realmente somos. Seja qual for o nome que lhe damos — Deus, Grande Espírito, vazio, Absoluto — o verdadeiro santuário é o "lugar" onde nos conformamos ao nosso verdadeiro eu.

Mas não é tão fácil se conformar à verdadeira natureza, por causa das tendências obstinadas e desejosas da mente discriminante. Facilmente esquecemos quem somos e assim perdemos o caminho. Voltamos ao nosso santuário inato — ou seja, retomamos a nossa verdadeira natureza — por meio da despojada prática de abrir mão da algazarra mental, tornando a mente ampla e espaçosa.

Tozan e o seu discípulo Sozan foram os fundadores da escola Soto Zen na China. Chegando o momento de se separar do seu mestre, Sozan foi lhe dizer adeus. Tozan lhe perguntou:

— Para onde você vai?

— Para um lugar imutável — respondeu Sozan.

— Mas há mesmo como ir até esse lugar? — Tozan perguntou.

— O próprio ir é imutável — respondeu Sozan.

Nessa história, Sozan diz que a atividade é o lugar imutável. Ele sugere o empenho contínuo, a prática ininterrupta, como o "santuário" em si.

Quando vemos na prática o que é realmente o zazen, percebemos o verdadeiro santuário espiritual. E assim compreendemos o significado da vida comum e como esse significado pode se expressar em cada atividade, para nós e para os outros. A prática contínua nos ensina que cada atividade é inerentemente o zazen, e que o santuário é percebido quando nos empenhamos ao máximo para estar sempre atentos em todas as atividades. Essa é a verdadeira prática. É o único santuário possível.

A verdadeira prioridade: um relato

Fim de tarde de sexta-feira, a minha última tarefa antes do início do final de semana era atualizar uma lista de coisas que eu precisava fazer na segunda-feira. Tive uma sensação de realização enquanto fazia a minha nova lista de afazeres; amassei a velha e atirei a bola de papel que, descrevendo um longo arco, tabelando na parede oposta, acertou o cesto de lixo cinza da IBM. A clareza da lista, a duradoura sensação de cada item, me possibilitava driblar o *stress* associado à minha memória inconstante. "A Lista" não só protegia a minha sanidade, mas era um artifício indispensável na organização e no estabelecimento de prioridades no meu trabalho.

Ao preencher o papel, a lista daquela sexta-feira exibia uma característica incomum, revelando vividamente a minha maior prioridade: voltar a falar com as várias pessoas que não haviam atendido os meus pedidos de informação via ligações telefônicas, correspondência ou conversas pessoais. As pessoas com quem eu trabalhava, as pessoas com

A ESPIRITUALIDADE NO LOCAL DE TRABALHO   169

quem eu estava tentando trabalhar, não me davam a resposta necessária. Eu tinha de tomar a iniciativa de estimular as respostas, uma função bem conhecida de qualquer um que já tenha trabalhado nos complexos mundos empresarial e político de relacionamentos incertos e mutáveis. Eu já havia feito isso muitas vezes antes. Dessa vez, porém, fiquei surpreso com o tamanho da lista. A cobrança iria me tomar o dia inteiro.

Na segunda de manhã comecei a trabalhar na lista. As respostas eram insatisfatórias e desanimadoras.

— O que era mesmo que você queria?

— Ah, sim, vou te passar isso assim que puder.

— Repassei o seu pedido ao Joe; entre em contato com ele.

— Sim, já transmiti a ele os recados que você deixou na semana passada. Quer que eu deixe outro?

— Vamos ver, acho que recebi o seu bilhete, sim. Está em algum lugar por aqui. Vou verificar e lhe dou o retorno.

— Me ligue de novo daqui a umas duas semanas.

Perto do meio-dia, já era evidente que eu estava gastando tempo demais numa atividade que em si mesma não oferecia nenhum "valor agregado". Só era necessária porque os outros demoravam demais para responder, ou tinham decidido simplesmente não responder. Na minha frustração, percebi que esse comportamento era uma prática comum, e que eu mesmo já agira assim muitas vezes. Isso me fez perceber que eu não gostava de fazer parte de um processo que não era nem produtivo para a empresa nem construtivo para mim. O que se aceitava como elemento normal do mundo dos negócios — ignorar as pessoas quando achamos que responder não nos trará nenhum benefício pessoal — agora me parecia algo que sobrecarregava injustamente os outros.

Percebi o quanto ficamos impessoais nos relacionamentos, justificando a nossa atitude com a crença de que não devemos "perder tempo" fazendo algo desnecessário para o atingimento das nossas metas pessoais. Sentindo a constante pressão de concluir as tarefas, de obter resultados, dizemos a nós mesmos que precisamos ser "eficientes", exibir uma boa relação de "custo-benefício", driblando a chatice de retornar as ligações que não nos favoreçam diretamente.

As organizações e as pessoas são bem-sucedidas quando identificam e tratam as questões importantes na hora oportuna e na seqüência correta. Assim cada um de nós carrega consigo uma lista — em papel, na cabeça, na agenda eletrônica — das coisas que precisamos fazer e das prioridades.

Mas criamos um problema quando pensamos que os pedidos dos outros têm tão pouco valor para nós que *não se encaixam na nossa lista*. Podemos até concluir que temos mantido a nossa eficiência justamente não atendendo esses pedidos, mas na verdade com isso diminuímos a eficiência dos outros, que precisam esperar e depois cobrar, sem saber se e quando os seus pedidos serão atendidos. Talvez até nos achemos eficientes, mas assim prejudicamos a organização como um todo. Mais grave, *tratamos os outros com indiferença, sem dignidade*, gerando trabalho e decepções desnecessárias para eles, e no longo prazo acabamos por destruir a comunidade do local de trabalho.

A futilidade de tentar cobrar os itens da minha lista naquela segunda-feira demonstrou, de um modo bem pessoal, a relação entre a indiferença, de um lado, e, de outro, a dificuldade e o atraso que ela traz para os outros. Em cada pedido de ajuda, cada proposta, cada "bom-dia" — em todas as esferas profissionais, familiares ou políticas da vida —, identificamos o princípio de uma vívida ligação entre duas pessoas. E eu percebi que temos de nos esforçar ao máximo para completar essa ligação, para responder à proposta, se é que realmente pretendemos sentir a interdependência, a inata completitude da vida.

Daquele dia em diante, passei a responder a todas as ligações, todas as cartas, todos os pedidos e perguntas feitos pessoalmente, sem exceção. Tudo entrava na minha lista, mesmo que às vezes eu simplesmente tivesse de responder "Não sei", "Não posso ajudar" ou "Só vou poder fazer isso no mês que vem". Senti um grande alívio ao abandonar a ilusão de que reservar algum tempo para dar respostas aos outros era inconveniente ou reduzia a minha eficiência.

Quanto tempo você leva para dar uma resposta a alguém? Um minuto? Cinco minutos? Basta um pequeno investimento pessoal para demonstrar respeito pelos relacionamentos, estimulando a harmonia no ambiente de trabalho. Quando sacrificamos esse respeito para proteger a nossa suposta eficiência, exibimos na verdade falta de bom senso.

O risco da indiferença

"Ele não ligava mais para mim." Foi essa a explicação de uma amiga para o rompimento com o namorado. A maioria de nós já vivenciou esse sentimento: alguém que nos trata com indiferença e pouca consideração. Quando tratamos alguém com indiferença, achamos que já sabemos tudo o que temos de saber sobre ele, que não há nada novo, que não é mais necessário lhe dar muita atenção. É preciso ter o cuidado de não tratar as coisas ou as pessoas com indiferença, pois se o fazemos, ficamos cegos àquilo que elas realmente são.

Começamos a tratar as coisas e as pessoas com indiferença quando nós mesmos nos tratamos com indiferença. Isso acontece quando nos acomodamos com antigas suposições e crenças acerca de nós mesmos. Deixamos de prestar atenção em nós, na nossa vida.

Tratar as coisas, as pessoas ou o trabalho com indiferença leva à negligência. Esquecemos de dar atenção à família e aos amigos, desprezamos a necessidade de cuidar do ambiente, deixamos de reparar no que está acontecendo. Quando esquecemos de cuidar de nós mesmos, dissipamos a nossa vida. A prática espiritual é esforçar-se por não tratar as coisas com indiferença; é ver novidade nas coisas, nas pessoas e nas atividades a cada momento.

Se a pessoa cai na armadilha de tratar a si mesma com indiferença, a sua mente se acomoda, já não se esforça por estar atenta ao que está acontecendo e ao que está mudando no presente. Ao mesmo tempo, é preciso ter o cuidado de não negligenciar também a prática espiritual, pois ela não é uma coisa fixa: é dinâmica e está sempre em transformação. A prática do zen pode até parecer fixa, pois as suas várias formas já são usadas há séculos. Mas embora siga uma fórmula estabelecida, está sempre disposta a mudar, a reconhecer o novo. Assim, na prática vamos abrindo novos caminhos a cada instante, conforme as circunstâncias.

O hábito de tratar as coisas com indiferença se baseia num equívoco que cometemos: considerar permanentes as coisas e as pessoas. Assim, pensamos: "Essa é a verdade", "Isso não muda" ou "Isso é inerentemente bom e aquilo é inerentemente mau". Julgando as coisas dessa forma, não reconhecemos que tudo está sempre mudando. A prática do zazen é o meio pelo qual compreendemos como nos portar num mundo em constante transformação.

No talvez mais memorável dos seus dizeres, o mestre zen Dogen declarou o seguinte:

Estudar o caminho do Buda é estudar o eu.
Estudar o eu é esquecer o eu.
Esquecer o eu é se realizar nas coisas incontáveis.[1]

Estudar o próprio eu significa não tratar com indiferença a própria vida. Essa é a atitude fundamental da prática espiritual. E esquecer o eu é não supor que de algum modo, automaticamente, já conhecemos tudo o que há para conhecer sobre quem somos. Em outras palavras, não devemos ficar presos a nenhuma idéia fixa, não analisada, acerca de nós mesmos. Por fim, Dogen diz que somos iluminados por todas as coisas quando não tratamos nada deste mundo fenomênico com indiferença.

Se a pessoa não se estuda e não se esquece, cai na armadilha de tratar com indiferença a vida. Isso pode até dar à pessoa uma sensação agradável, mas é um equívoco. A prática do zen nada mais é que o contínuo estudo do eu e de tudo aquilo com que o homem depara na vida. É um modo de viver com atenção, com a mente aberta e pronta para tudo a cada momento. Deixar de encarar a vida com a mente atenta é tratar essa mesma vida com indiferença.

No dia-a-dia, podemos até obter coisas que nos trazem vantagens na sociedade. Podemos ganhar riquezas, conhecimento e técnicas. A maioria das pessoas trabalha duro para adquirir certa medida dessas coisas todas. Mas se a meta é alcançar isso só por motivos egoístas, a vida fica limitada, e a pessoa passa a tratar com indiferença o dom da vida. Essas vantagens não são inerentemente prejudiciais. O importante é a atitude diante delas. A pessoa se prejudica se não evita tratá-las com indiferença.

Assim, quem alcança essas coisas não deve deixar de lado a prática. É preciso perseverar com empenho e determinação para compreender e expressar a vida. É assim que a pessoa evita se apegar a essas vantagens, evita desejá-las só para si. É grande a satisfação daquele que

A ESPIRITUALIDADE NO LOCAL DE TRABALHO 173

não se trata com indiferença. Dessa forma compreendemos a nossa interdependência e tratamos as coisas todas com sabedoria.

Às vezes encontramos alguém que julgamos mesquinho. Muitas vezes temos de trabalhar com pessoas que nos irritam. O modo como decidimos reagir a elas determina a satisfação e a paz que vivenciamos.

Quando deparamos com uma pessoa complicada, é importante não tratá-la com indiferença, desprezando-a como mesquinha ou estúpida. Precisamos compreender que ela está sofrendo, que a sua dureza exterior é um sinal não de força, mas de fraqueza — uma forma de defesa.

Às vezes tratamos a pessoa com indiferença fazendo ou dizendo algo que a magoe. Mais tarde, quando percebemos que realmente arruinamos o relacionamento por causa da nossa miopia, não basta sentir remorso, pensando: "Eu não devia ter dito aquilo, mas ela vai superar". É fundamental restabelecer a relação, eliminar toda noção de separação, pedindo desculpas à pessoa.

Muita gente acha que pedir desculpas é sinal de fraqueza e que, nos negócios e na política, o melhor é manter uma postura mais ou menos "profissional", e até criar animosidades. Mas essa estratégia não funciona muito bem nas questões pessoais, familiares, culturais ou internacionais. Só faz confinar as pessoas às suas cavernas. Pedir desculpas é reconhecer o erro e dizer: "Eu não quero tratá-lo com indiferença; você é importante para mim". É uma manifestação não de fraqueza, mas de força e de confiança nos relacionamentos com os outros. O pedido de desculpas faz do mundo um lugar seguro para trabalhar.

A verdadeira criatividade

Cuidar das coisas no sentido mais profundo é sentir o que o Buda sentiu e compreender o que ele compreendeu. Mas quem negligencia essa atitude zelosa, acaba se perdendo a si mesmo, se perdendo na vida. Quem prioriza cuidar só de si mesmo não é capaz de perceber o que está fazendo no mundo.

É possível obter coisas materiais e emocionais neste mundo. Mas essas coisas não duram, e por isso as pessoas armam ciladas para si mesmas tentando se agarrar a coisas escorregadias, transitórias e buscando obter novas coisas. Apesar de todo o sucesso que a pessoa pode alcançar, esse tipo de vida no final acaba sendo incompleto. O empenho egoísta é sempre em vão. Mas é quando se encara a vida de um modo espiritual que se compreende a verdadeira natureza da atitude zelosa. Ela nada mais é que a atitude do bodhisattva, a mente compassiva, a mente que espontaneamente prioriza cuidar dos outros.

Priorizar esse zelo pelos outros não significa abandonar as atividades criativas, deixar de aperfeiçoar o mundo. Não implica ignorar as inatas capacidades intelectuais ou inventivas. Essa atitude zelosa é resultado de compreender, no sentido mais verdadeiro, o fundamento da criação de uma coisa. Para criar alguma coisa — mesmo uma palavra ou um olhar —, é preciso principiar com um espírito de zelo pelos outros. Aí sim se pode criar algo que vá beneficiar a todos.

Quem entra num mosteiro para iniciar a prática espiritual com mentalidade ambiciosa enfrentará logo de início um problema. É provável que essa pessoa pense assim: "Vou fazer um bom trabalho, mas ninguém vai me elogiar!" A prática monástica prioriza somente cuidar das coisas. É isso o que acontece dia após dia. Não há por que se preocupar em ser elogiado pela criatividade. Quando a pessoa está pronta para fazer o que deve ser feito, é capaz de cuidar das coisas e ao mesmo tempo ser criativa — sem nem se importar se o mundo considera criativa a sua atividade.

O Buda foi extremamente criativo. Ele descobriu muitas verdades que escapam às atribuladas mentes das pessoas. Trabalhou duro para nos ajudar a reconhecer e compreender essas verdades. A sua prioridade foi descobrir a melhor maneira de cuidar da vida neste mundo. Essa era a sua atividade cotidiana. Nós também devemos dar esse rumo à nossa vida. Então encontraremos a iluminação búdica em cada atividade. Agindo assim, a iluminação surgirá naturalmente da prática cotidiana. O zazen nos ajuda a descobrir e a expressar esse tipo de mentalidade, que é ao mesmo tempo aquela que zela por tudo e aquela que está sempre pronta a criar alguma coisa.

Criar e zelar não são atividades essencialmente diferentes. Não é preciso fazer distinção entre as duas. Basta encará-las sem pensar

A ESPIRITUALIDADE NO LOCAL DE TRABALHO   175

em discriminação. Aí sim poderemos criar o que quisermos, e exibiremos sempre uma atitude zelosa diante do mundo.

No mundo moderno, a maioria das pessoas não gosta de realizar esse trabalho de conservação, o trabalho de "cuidar das coisas e das pessoas". Somos material e emocionalmente recompensados pela arte da criação de coisas vendáveis, coisas maiores, mais velozes, mais empolgantes. Somos forçados a passar ao próximo projeto ou atividade sem nem sequer ter concluído o projeto atual, sem ter arrumado a bagunça que fizemos.

A sociedade encara a conservação como uma atividade de segunda categoria. As pessoas se convenceram de que quem faz esse tipo de trabalho é menos importante do que aquele que cria algo novo. Conseqüentemente, as pessoas perderam o interesse por cuidar umas das outras e do mundo. Essa é uma das razões da deterioração da estrutura educacional. Coletivamente, tratamos as escolas como instituições que simplesmente cuidam dos nossos filhos, e não como locais de criação, de ampliação do conhecimento da nova geração e de toda a sociedade. Os professores são tratados como se fizessem um trabalho de conservação, e não um trabalho criativo. A nossa atitude seria diferente se reconhecêssemos que o investimento criativo, de longo prazo, que fazemos nas pessoas é bem mais valioso do que a criação de produtos vendáveis que dentro de poucos anos ficarão obsoletos.

Essa minha carreira dupla me ensinou que sentar numa almofada para meditar ou na cadeira do escritório, vestir manto de monge ou terno e gravata não são coisas essencialmente diferentes. Alternar a prática espiritual formal com as atividades habituais do dia-a-dia se tornou algo cada vez mais natural. O local de trabalho se tornou para mim um lugar de relacionamentos espontâneos, não mais uma arena de tensos confrontos.

O meu obsessivo interesse por descobrir a "fonte" única e permanente da vida desapareceu há muito tempo. Foi só uma paixão, uma idéia que tive um dia. Buscar tal coisa é tão inútil quanto procurar a fonte de um floco de neve. Para a mente estritamente analítica, as condições que produzem o floco de neve — temperatura, umidade — não têm as características do floco de neve. Porém, apesar do que os nossos sentidos e a lógica nos dizem, surge o cristal branco, único. A "fonte" de tudo, descobri, está no momento presente em constante transformação.

O rio

No zen, há o seguinte ditado: "Dar um passo para o norte significa dar um passo para o sul". Isso implica o conceito radical de que, para dar um passo à frente, é preciso dar um passo para trás. Esse paradoxo foi usado para desafiar os monges zen na antiga China, como na história do monge que perguntou ao mestre Chi-Chen:

— Qual é o caminho para cima?

— Você vai encontrá-lo descendo — respondeu o mestre.

Esses desconcertantes paradoxos só se deslindam quando percebemos que ir para trás, para o sul ou para baixo não significa recuar. Significa simplesmente fundamentar a atividade cotidiana na nossa verdadeira natureza. "Ir para trás" significa deixar de lado a mente pequena, egoísta, e retomar a Grande Mente original.

Compreendemos equivocadamente a vida quando a encaramos somente como o processo de seguir adiante. Se só pensamos em seguir em frente, ficamos decepcionados, pois jamais chegaremos "lá". Não podemos chegar lá porque não há um "lá" separado do "aqui". O fato é que temos de dar marcha a ré, voltar a nós mesmos, fundamentar a atividade no aqui. Se estamos sempre aqui, estamos sempre aqui e pronto: não precisamos nos preocupar com seguir adiante.

A sociedade moderna exige que tenhamos metas. Mas se insistirmos em avançar rápido demais, jamais conseguiremos alcançar a meta. Temos de saber por que nos esforçamos se queremos realmente alcançar a meta. Em outras palavras, não podemos esquecer de olhar para trás. Temos de continuamente retomar o nosso eu original.

Ter metas é algo que ajuda as pessoas, que as estimula a criar coisas úteis para os outros. Mas quando se trabalha somente para alcançar uma meta, o empenho é egoísta. Por outro lado, se a cada instante a pessoa dá um passo para trás, abandona a mente pequena

A ESPIRITUALIDADE NO LOCAL DE TRABALHO 177

e retoma o seu verdadeiro eu, então o esforço se faz em benefício de todos.

A vida não é uma série de avanços, um conjunto de passos distintos uns dos outros, como o tique-taque de um relógio. Quem pensa assim sempre se preocupa com o seu progresso e com a sua imagem, perdendo contato com a própria vida. Porém, quando se compreende que a vida é um fluxo contínuo, então jamais se perde o contato com a fonte da vida. A prática é continuamente retomar o fluxo da vida. É assim que se volta à fonte — é o que se denomina "dar um passo para trás".

A vida deve ser como um rio que jamais se separa da fonte. Se o rio se separa da fonte, não há mais rio, pois a fonte não é uma coisa estática. A fonte é o próprio "fluxo". Se um rio ou um lago esquece a sua fonte, fica estagnado e seca. Se o homem prioriza o seu pequeno ego, pode até fazer um belo lago, mas, sem a contínua ligação com as fontes borbulhantes, acaba secando.

Voltando à sua fonte, o rio pode novamente correr, o lago pode novamente encher. Quando voltamos ao nosso verdadeiro eu, é então que nos revigoramos, que a atividade passa a sustentar a nossa vida. O zazen é o modo de reconhecer a fonte, a natureza fluida da vida. Como estamos sempre ligados à fonte, salientamos o fluxo, priorizamos a idéia de "dar um passo para trás".

Capítulo 14

Vida espiritual, vida comum

O sexto patriarca zen, que viveu da China do século VII, era um lenhador iletrado que despertou espontaneamente para a sua natureza espiritual ao ouvir por acaso alguém lendo o Sutra do Diamante. A literatura zen é repleta desse tipo de relato de experiências de iluminação. Nesses relatos, porém, não se descreve o longo período anterior de devotada e tediosa prática espiritual.

A virtude mais importante da prática é a contínua consciência dos sinais sutis, muitas vezes enigmáticos, que surgem ao longo da vida. Esperar passivamente que a iluminação vá surgir de repente já na plenitude da florescência é como caminhar por um jardim com os olhos fechados. Não vemos a contínua atividade do universo se expressando. A prática é o diligente cultivo do desabrochar da nossa espiritualidade. A consciência espiritual não diminui simplesmente porque não vivenciamos um súbito lampejo.

Uma vida fundada na busca de coisas pessoais — emocionais, materiais ou espirituais — jamais será satisfatória; sempre carecerá de algo. Existe um limite para aquilo que podemos obter. Por outro lado, se fundamos a vida na nossa natureza espiritual, enfatizamos a nossa unidade — a nossa plenitude — e assim jamais sentimos falta de nada. Se priorizamos os relacionamentos, não há limite para aquilo que podemos obter, independentemente das nossas capacidades técnicas ou do montante das nossas riquezas.

Se priorizamos os interesses egoístas, estamos sempre pensando que no futuro alcançaremos algo novo. Mas se priorizamos a vida espiritual, imaginamos que no futuro talvez encontremos uma nova pessoa.

Qual a utilidade?

Numa conversa informal com os discípulos, o mestre zen Dogen contou um colóquio que teve com um monge quando estava num mosteiro chinês. Estando Dogen a ler dizeres de antigos mestres zen, o monge lhe perguntou:

— Qual a utilidade de ler esses dizeres zen?

— Compreender os atos dos antigos mestres — respondeu Dogen.

— E qual a utilidade disso? — perguntou o monge.

— Quero ser capaz de orientar as pessoas quando voltar ao Japão — respondeu Dogen.

— E qual a utilidade de tudo isso? — perguntou o monge.

— Beneficiar todos os seres — respondeu Dogen.

— Mas qual a utilidade disso a longo prazo?[1] — perguntou o monge.

Dogen refletiu sobre o que o monge lhe havia dito. Acabou se dando conta de que a leitura e a pregação dos dizeres dos antigos mestres era inútil. Não beneficiaria a prática e não o ajudaria a orientar os outros. Compreendeu que o monge estava certo e que deveria extrair do zazen os meios ilimitados de guiar as pessoas. Logo deixou de estudar os antigos textos e dizeres.

Essa história nos revela muita coisa sobre a atitude e o caráter de Dogen. Depois de anos de incerteza e desânimo no Japão, e depois de uma viagem muito difícil e perigosa por mar, ele finalmente chegou à China. Afinal estava fazendo o que sempre sonhara: estudar as palavras e os dizeres dos antigos mestres. Mas então veio um monge que, com perguntas sutis, contestou a premissa fundamental de Dogen a respeito do aprendizado e do ensino.

Dogen não rejeitou o que o monge lhe disse. Em vez disso, meditou profundamente nas suas palavras. Como ele tinha uma mente aberta e ponderada, e estava disposto a ouvir, pôde compreender que era um erro confiar nas palavras dos outros. Isso significa que ele percebeu que todos são Buda, que todos inatamente já têm sabedoria, e que é inútil recitar palavras sábias às pessoas. A conversa com esse monge anônimo ajudou a lançar as bases da doutrina de Dogen: a melhor forma de ajudar as pessoas é incentivar o zazen.

A nossa prática se baseia na percepção de Dogen de que a prática é a própria iluminação, de que a iluminação já está presente no empenho. Isso significa que a iluminação não é o produto final da prática, e que não há fases nem estágios na nossa prática. Dogen ensinou que inerentemente não há nada a ganhar. Ressaltou que grande inteligência e habilidade não são pré-requisitos para a compreensão espiritual. Em vez disso, ele enfatizava a verdade da impermanência. Incentivava as pessoas a praticar com determinação e a compreender a impermanência de todas as coisas. Ele nos encorajou simplesmente a perseverar no esforço de manter a mente serena, independentemente do que surja nela.

A melhor coisa que me aconteceu: um relato

No início dos anos 80, um importante engenheiro da empresa, alto executivo, recebeu a atribuição de dirigir um programa especial de melhoria da qualidade no laboratório de engenharia da IBM. Fiquei feliz ao ser convidado a trabalhar com ele; estava interessado no projeto e gostava do sujeito. Ele não só era muito bom tecnicamente, mas também despretensioso e pragmático. Era também decidido e sabia dirigir projetos. Além de tudo, era bom com as pessoas: descontraído, generoso, sabia ouvir, tinha um bom senso de humor. Em suma: um líder nato.

Trabalhando juntos no programa, passamos a nos conhecer realmente bem. Não éramos exatamente grandes amigos, mas tínhamos intimidade suficiente para conversar sobre assuntos pessoais. Estávamos os dois atravessando o estacionamento certo dia, a caminho de uma reunião, quando ele me disse que o seu pai morrera quando ele era bem novo. Depois acrescentou: "Foi a melhor coisa que me aconteceu".

Foi impressionante ouvir aquilo. Caminhamos mais alguns metros; depois ele disse: "Não quero que você me interprete mal". Ele explicou que gostava do pai, e que a morte dele havia sido muito dolorosa. "Fiquei abatido por muito tempo. Nem tinha entusiasmo para viver. Só quando finalmente deixei de sentir pena de mim mesmo pela perda do meu pai é que fui capaz de voltar a ver prazer na vida."

Dizer que a morte do pai foi a melhor coisa que lhe havia acontecido foi um modo de reconhecer que as dificuldades que ele enfrentou e resolveu em menino lhe possibilitaram valorizar-se e valorizar também a própria vida.

Impermanência

Freqüentemente, mesmo quando levamos uma "boa vida", nos surpreendemos de certo modo infelizes ou insatisfeitos. Acho que nos sentimos assim quando percebemos a impermanência e a transitoriedade da vida, sem aceitá-las plenamente. Pelo contrário, tentamos agarrar aquilo que na verdade não se pode ter. É como tentar agarrar a água. Podemos reter a água nas palmas das mãos, mas não conseguimos prendê-la com os dedos.

Muitas vezes negamos a realidade da impermanência e os assustadores sentimentos que a acompanham, continuando a agir como se ela não fosse verdade. Recusamo-nos a abrir mão daquilo que devemos abrir mão: a crença na permanência. É importante não negar algo que precisa ser aceito, senão a vida e a prática se tornam muito difíceis. Dificultamos a vida enchendo a mente de idéias e desejos egocêntricos, dos quais não abrimos mão.

A pessoa tem dificuldade na prática quando continua a agir como se a impermanência não fosse uma realidade. Mas permanece nela a sutil percepção dessa realidade, e a infelicidade perdura por causa dessa recusa. A verdadeira prática espiritual não exige que o homem transforme radicalmente a sua vida. Basta que ele não se iluda sobre a realidade das coisas.

A generosa mente original

Quando se começa a praticar o zen, pode-se até achar que o zazen é uma atividade que se faz para si mesmo. Assim, quando a pessoa avalia como vai a prática da meditação, pode até pensar: "O *meu* pé dói", "A *minha* mente vagueia", "*Eu* fico com sono", "As *minhas* costas doem". A ênfase se concentra na própria pessoa porque ela só se preocupa com o seu bem-estar físico e mental.

Mas é fácil ter uma compreensão equivocada do zazen quando ele é concebido simplesmente como uma prática individual. É preciso ter o cuidado de não encarar o zazen como algo que se faz só quando é conveniente, ou só quando a pessoa se sente bem, ou só quando ela está com ânimo para tal. O zazen não se reserva para o momento propício, quando a pessoa se sente "ótima". Em outras palavras, o zazen não é como um objeto que se guarda numa gaveta ou numa prateleira para uso pessoal. O mesmo vale para a vida como um todo.

A prática espiritual possibilita descobrir que a vida é um dom a partilhar, não um objeto a guardar. O praticante também descobre que, instintivamente, quer deixar esse dom fluir. É esse o sentimento que se tem quando se pratica. O zazen é o meio de continuamente distribuir esse dom, e também o meio de recebê-lo de volta.

Quando a pessoa se senta para meditar, não está limitada ao corpo físico. No zazen, cada um é o corpo do Buda, o corpo ilimitado. Mas o corpo ilimitado só pode aparecer quando o praticante exibe uma mente generosa, a mente do Buda. Cada pessoa tem o corpo ilimitado do Buda — a mente do Buda — desde que compreenda a sua inata natureza generosa.

A mente generosa surge quando se sente gratidão pelo dom da vida. A natureza dessa mente generosa faz com que a pessoa queira distribuir esse dom, deixando que flua continuamente. O empenho que se faz com base nessa gratidão é a expressão da verdadeira natureza do homem, da generosa mente original. Cada um cria a vida a cada instante com a sua generosa mente original. Deixa a vida fluir continuamente. Mas quando a pessoa não percebe essa generosa natureza original, o fluxo se obstrui. A pessoa fica confusa, e cria vários problemas. Com a generosa mente original, é possível sentir a criatividade inata do ser humano, que está sempre plenamente ativa, mesmo nas atividades mais ínfimas.

Quando as pessoas pensam na morte, geralmente acreditam que ela impõe a perda de algum elemento pessoal. Uma das maiores causas do sofrimento humano é perceber assim a vida e a morte. É impossível sentir-se livre pensando que a morte é uma perda pessoal. Liberdade significa estar sempre pronto a conceder o dom da vida, a perseverar na generosa mente original.

Segundo a prática do zen, tudo *é* a natureza búdica. Quando a pessoa compreende essa verdade, confia na sua natureza original.

VIDA ESPIRITUAL, VIDA COMUM

O homem se dispõe a ser generoso porque todas as coisas são inerentemente iguais.

Os passos do Buda

O mestre zen Dogen disse que os pássaros não deixam rastro no céu. E os peixes também não deixam rastro na água. Com essa metáfora, Dogen quer nos ensinar a expressar a espiritualidade no dia-a-dia. Ele está dizendo que a atividade não deve deixar sobras, nada que tenha de ser limpo depois.

Quando temos um sentimento de unidade e amizade para com tudo e todos, naturalmente nos esforçamos para não deixar rastros. Instintivamente queremos cuidar uns dos outros e do lar que dividimos. Compreendemos que uma atitude descuidada deixa rastros de sujeira, gerando confusão e um travo de separação.

Por causa da natureza fluida da água e do ar, os suaves vestígios do vôo dos pássaros e do nado dos peixes rapidamente se esvaem, e o ar e a água voltam ao equilíbrio. Por isso dizemos que eles não deixam rastro. Mas diferentemente dos pássaros ou dos peixes, as pessoas não se movem no ar ou na água, mas no chão, e também nas mentes umas das outras. Essa é a natureza dos seres humanos. O chão, a terra, flui mais devagar do que o ar e a água, portanto as marcas que deixamos no mundo permanecem por longo tempo. O mesmo acontece com a mente das pessoas. Se deixamos rastro na mente de alguém com aquilo que dizemos ou fazemos, esse rastro pode perdurar por toda a vida. Assim, por compaixão, tentamos não deixar rastros na mente das pessoas. Os pássaros e os peixes não precisam se esforçar para não deixar rastros, pois isso já é da sua natureza. Mas o meio da atividade humana não volta ao equilíbrio tão facilmente.

Se tornamos a mente maleável como o ar ou a água, ela pode então voltar rapidamente ao equilíbrio, sem vestígio de perturbação. Quando a mente está nesse estado, podemos observar as suas tendências, ou seja, os momentos em que ela não age como a água, em que se mostra teimosa, irritada, gananciosa ou distraída. Assim perseveramos na prática com o intuito de moldar uma mente maleável a ponto de não registrar rastros. E o fazemos para saber como lidar com a mente das outras pessoas, para também não deixar rastros nas suas mentes.

A nossa trajetória deve ser como a do pássaro e do peixe. Devemos passar pelo mundo sem deixar vestígio da nossa atividade, conservando plácidas a terra e a mente. Para isso precisamos viver como o Buda. Os passos do Buda não deixam rastro, não produzem ruído, não marcam o chão. Quando caminhamos com os passos do Buda, não perturbamos ninguém nem nada, seja com o corpo, seja com a fala, seja com a mente.

Como todos os que começam a investigar a prática formal do zen, descobri bem cedo que essa expressão de espiritualidade é relativamente fácil quando estamos sentados na almofada do zazen, quer em casa quer numa sala de meditação. A sós com a nossa consciência, nos sentimos num lugar privativo. Ninguém julga a nossa prática, ninguém vasculha a nossa mente para ver se ela está vagueando. O ambiente é calmo, livre das costumeiras interrupções e distrações do dia-a-dia.

Verificamos também que não é tão difícil praticar nas atividades individuais, que não é tão difícil manter a consciência lavando a louça, escovando os dentes, embalando o neném, caminhando na mata ou comendo uma maçã. Essas tarefas rotineiras nos oferecem a oportunidade de apreciar a sensação e a textura da atenção mental.

Mas praticar na presença dos outros não é tão simples. Todos nós continuamente deparamos com distrações, seja a necessidade de responder aos outros seja o peso da responsabilidade de lidar com as situações que exigem atenção. O cotidiano é muitas vezes imprevisível; a mudança surge de repente, e mesmo os planos mais cuidadosamente elaborados desmoronam. Como então praticar na presença dos outros, como estender a outras situações aquilo que descobrimos na meditação formal e noutros momentos privados de atenção? Essa é uma questão vital para o crescente número de pessoas que buscam levar uma vida autêntica.

Para a esmagadora maioria, o "mundo real" da sociedade moderna é caótico, priorizando a realização pessoal e a individualidade. A nossa prática espiritual não nega essas coisas; simplesmente não as enfatiza excessivamente. Inibe a promoção pessoal em detrimento dos outros.

Encoraja o homem a se libertar da competição de egos. A prática espiritual sublinha a unidade e a interdependência, e não a separação. Mas como exprimir a unidade de todos os homens num mundo de individualidade, onde enfrentamos mudanças abruptas, competição pessoal, julgamento e a contínua exigência de mudança de enfoque?

Não há solução simples nem uma única resposta a essa pergunta. Cada pessoa tem de encontrar por si só a solução, a seu próprio modo. Aprendi que o ponto de partida dessa descoberta é a confiança que depositamos na nossa inata natureza espiritual e na determinação de expressá-la em tudo o que fazemos.

Na minha vida, essa determinação nasceu da noção da inata unidade, o sentimento de que a vida de cada um não é inteiramente sua, de que estamos ligados uns aos outros e partilhamos o mesmo lar. Eis um sentimento inelutável, como a sensação que temos quando entramos numa sala ou num jardim e sentimos o perfume de uma flor: mesmo sem ver a flor, o seu perfume nos diz que ela está próxima.

Ver tudo integralmente

Para nós o mais importante é não limitar o modo de enxergar os outros. Quando vemos alguém descendo a rua e reconhecemos o seu jeito de caminhar, dizemos: "Sei quem é essa pessoa". Mas será que realmente a conhecemos? Quem é aquele que vemos ali? Quando ouvimos o passo de alguém, podemos até pensar que sabemos quem é que se aproxima. Mas quem é que realmente ouvimos? Ver ou ouvir alguém integralmente é ver e ouvir com os olhos e os ouvidos do Buda.

Para ver algo integralmente, temos de abrir a mente integralmente. É como tirar uma venda que usamos há muitos anos. Ver algo integralmente é como entrar no mundo pela primeira vez: tudo parece novo, vívido, são. Quando tiramos a venda ou entramos no mundo, vemos tudo simultaneamente. Ver tudo simultaneamente não é simplesmente olhar para as coisas. Quando passamos a gostar de algumas coisas e a desgostar de outras, limitamos a nossa visão e só vemos as coisas uma a uma.

Ver tudo integralmente é compreender o fundamento de tudo. Quando não olhamos as coisas com olhos discriminantes, nada deixamos de fora. Vemos todas as coisas igualmente. Quando vemos as coisas assim, vivemos plenamente no mundo sem nos deixar enredar por ele. E vendo assim, na verdade não temos de dizer nada. Não há nada de que falar, nada em que pensar. Essa forma de ver as coisas não é algo a saber, mas algo a viver. É a maneira de viver a vida integralmente.

Para ver tudo integralmente, precisamos incluir tudo na nossa visão, assim como o zazen inclui tudo na consciência. Se queremos ver as coisas integralmente, temos de estar sempre dispostos a ver qualquer coisa que surgir. É preciso abandonar as imagens que temos na mente. Se carregamos na mente uma imagem, não podemos ver plenamente aquilo que surge diante de nós. E se carregamos uma imagem de nós mesmos, não podemos ver nada claramente.

Para ver tudo integralmente temos de voltar às trevas originais. Nas trevas originais, não há nada na mente, nem imagens nem sombras. Essa é a única forma de enxergar as coisas como elas realmente são. As trevas originais não são o que temos ao fechar os olhos, ao colocar uma venda, ao dormir. Pois nessas situações nada conseguimos ver. As trevas originais são o estado em que estamos aptos a ver tudo integralmente.

Ver tudo integralmente implica enxergar as coisas racionalmente. Por exemplo, se vemos vapor saindo de uma panela, sabemos que a água está fervendo e que a sopa está cozinhando. Se vemos fumaça subindo de uma montanha, sabemos que há fogo. Se vemos lágrimas, um olhar de angústia, ou uma postura encurvada, sabemos que a pessoa está sofrendo. Essa capacidade intelectual é um elemento maravilhoso da natureza humana, mas ver tudo integralmente supera a visão meramente racional. Todas as coisas deste mundo podem ser descritas pelas suas diversas características: tamanho, formato, cor, som, função. Mas a verdadeira natureza das coisas não está limitada pelas suas características físicas. A visão verdadeira é deixar que todas as coisas apareçam como realmente são.

Podemos impor limites ao nosso relacionamento com alguém por causa dos sentimentos que nutrimos com respeito às suas características pessoais, ou por causa de algum conceito mental que temos a respeito desse alguém. Mas quando enxergamos as coisas integralmente, podemos ver quem é realmente esse alguém. Aí sim a nossa visão não fica limitada por características exteriores; aí sim podemos estabelecer um relacionamento autêntico.

Quando a mente está sempre disposta a ver tudo o que surge, estamos despertos, somos o próprio Buda. Quando vemos o Buda em tudo, em cada pessoa, vemos as coisas integralmente. É assim que fazemos surgir o Buda, assim que fazemos agir o Buda, assim que deixamos o Buda ser o Buda. Esse é o nosso modo de ver, essa é a nossa prática.

Notas

Prefácio
1. Ruth Fuller Sasaki, Yoshitaka Iriya e Dana Fraser, *Recorded Sayings of Layman P'ang* (Nova York: Weatherhill, 1971), p. 46.

Introdução
1. Shunryu Suzuki, *Zen Mind, Beginner's Mind* (Nova York: Wheatherhill, 1970), p. 133.

1. Carreira dupla
1. J. D. Salinger, *The Catcher in the Rye* (Boston: Little, Brown, 1951), p. 173.
2. Equivalente budista do santo, um ser desperto que abre mão da própria iluminação para trabalhar pela salvação espiritual de todos.
3. Alan Watts, *The Way of Zen* (Nova York: Pantheon Books, 1957).
4. *Zen Mind, Beginner's Mind* é composto de palestras que Suzuki-roshi ministrou em Los Altos.
5. Katagiri-roshi era assistente de Suzuki-roshi em San Francisco. Ele mais tarde se tornou o líder espiritual do Minnesota Zen Center, em Minneapolis. Ver Dainin Katagiri, *Returning to Silence* (Boston: Shambhala, 1988). [*Retornando ao Silêncio*, publicado pela Editora Pensamento, São Paulo, 1991.]
6. O termo *oryooki* se refere tanto à prática espiritual do monge zen quanto às próprias tigelas. O uso do *oryooki* espelha as tradições budistas de doação e desapego. Estão em uso nos mosteiros zen da China e do Japão há mais de mil anos.

3. Corpo e mente
1. Eihei Dogen (1200-1253) foi o fundador da escola Soto Zen no Japão. Ignorados por vários séculos depois da sua morte, os escritos

NOTAS 189

de Dogen estão hoje sendo traduzidos e analisados com grande interesse por estudiosos e praticantes orientais e ocidentais do zen. Ver discussão exaustiva e análise detalhada em Carl Bielefeldt, *Dogen's Manual of Zen Meditation* (Berkeley e Los Angeles: University of California Press, 1988).

5. Uma aventura
1. Suzuki, *Zen Mind, Beginner's Mind*, pp. 24, 95.
2. O leitor pode encontrar informações sobre esses três mestres zen em Rick Fields, *How the Swans Came to the Lake* (Boston: Shambhala, 1986).
3. Marian contou a sua história num livro. Ver Marian Mountain, *The Zen Environment* (Nova York: William Morrow, 1982).
4. *Haiku Zendo: Chronicles of Haiku Zendo, Including Memories of Shunryu Suzuki-roshi* (Los Altos, CA: Haiku Zendo Foundation, 1973), p. 36.
5. Kobun prefere ser chamado pelo primeiro nome, e não pelos títulos honoríficos japoneses do zen: sensei (professor) ou roshi (mestre).
6. O Eiheiji, literalmente "templo de Eihei", foi fundado em 1243 por Eihei Dogen. Fica nas remotas montanhas da província de Echizen, a cerca de três horas de trem de Quioto.
7. Grahame foi o primeiro ocidental que Suzuki-roshi ordenou monge zen, e também o primeiro ocidental a participar de um período de treinamento de três meses no mosteiro Eiheiji. Foi, ainda, o primeiro presidente do San Francisco Zen Center.
8. Literalmente, a mulher de alguém: "sua mulher" ou "mulher dele", por exemplo.

6. Vivendo a realidade
1. Ver, por exemplo, Suzuki, *Zen Mind, Beginner's Mind*, pp. 28, 31 e 40.

9. Iluminação no trabalho
1. *Wind Bell* (San Francisco Zen Center), vol. 29, nº 2 (verão de 1995), p. 5.

10. Comunicação
1. Maurice Walshe, *Thus Have I Heard – The Long Discourses of the Buddha* (Londres: Wisdom Publications, 1987), p. 16.

11. Intrepidez

1. As seis "perfeições" do bodhisattva são: doação, moralidade, paciência, vitalidade, meditação e sabedoria.

13. A espiritualidade no local de trabalho

1. Kazuaki Tanahashi, org., *Moon in a Dewdrop: Writings of Zen Master Dogen* (San Francisco: North Point Press, 1985), p. 70.

14. Vida espiritual, vida comum

1. Reiho Masunaga, *A Primer of Soto Zen* (Honolulu: East-West Center Press, 1971), p. 34.

O TRABALHO CRIATIVO
O Papel Construtivo dos Negócios numa Sociedade em Transformação

Willis Harman e John Hormann

Quais são os novos meios de se fazer negócios capazes de proporcionar a todos os cidadãos oportunidades para um trabalho significativo e gratificante? E por que só agora essa ação é possível?

Uma profunda transformação no papel do trabalho e dos negócios está em andamento. Sua energia propulsora não brota de uma administração engenhosa, ou de líderes carismáticos, mas é uma irrupção de novas metas e valores mais profundos que inclui uma grande faixa de pessoas. Existem fortes evidências de que a valorização do aprendizado, do ensino e do desenvolvimento humano indica uma sociedade em vias de curar a si mesma.

Os negócios, grandes e pequenos, estão numa posição singular para canalizar essas aspirações em prol de um trabalho significativo voltado para a transformação construtiva do mercado de trabalho. Muitos negócios estão já em bem-sucedido estágio de funcionamento, com base em novas regras recém-elaboradas: sobreviver, prosperar e colaborar.

. . . .

"Uma obra-prima. Harman e Hormann atacam os maiores problemas que atormentam o ser humano atual com uma perspectiva eclética única, compassiva, fruto de uma laboriosa e minuciosa pesquisa. O livro resultante é uma fonte de inestimável valor para todos os que se interessam pelo futuro do trabalho."
— Larry Wilson, fundador e diretor-executivo dos Pecos River Learning Centers, Inc.

"Não conheço outro tema de tanta relevância para a nossa vida na Terra agora do que o modo como fazemos negócios. O comércio pode destruir ou recuperar o planeta. Este livro insuperável sobre o trabalho no futuro é uma crítica extraordinária sobre o tema crucial da nossa década: a responsabilidade social."
— Paul Hawken, empresário, consultor, autor de *The Next Economy*.

"Livro desbravador. Se me fosse perguntado que livro considero essencial para abrir novas perspectivas de vida e fazer uma contribuição significativa, eu indicaria este. Harman e Hormann divulgam uma sabedoria que reúne apenas o melhor da economia, da psicologia dos negócios, da física, da engenharia, da filosofia. Oremos para que algum dia, logo no início do próximo milênio, sejamos capazes de olhar para o passado e dizer que seguimos as diretrizes sugeridas por este livro."
— Michael L. Ray, co-autor de *Creativity in Business*.

EDITORA CULTRIX

EXCELÊNCIA INTERIOR
– Um Livro Pioneiro que Estabelece a Ligação entre a Ética nos Negócios e a Espiritualidade

Carol Orsborn

Excelência Interior mostra a você como os princípios de uma nova conexão entre a espiritualidade e os negócios irão revitalizar carreiras e empresas. Neste livro, Carol Orsborn demonstra como é possível transcender estratégias de gerenciamento e negócios motivadas pelo medo e aponta na direção de novos métodos e fontes de inspiração e criatividade a serem aplicados diretamente no ambiente de trabalho.

A autora formula seu trabalho em torno de sete princípios básicos que se constituem numa porta de acesso a perspectivas filosóficas profundas. Consciente ou inconscientemente, esses princípios modelam o relacionamento humano com a ambição e o sucesso.

Baseando-se em experiências diretas com mais de seiscentas empresas num espectro bastante amplo de indústrias, Carol Orsborn combina sabedoria e vivência prática para criar uma nova geração de valores organizacionais.

Este é um livro que poderá trazer-lhe grandes surpresas.

"Carol Orsborn descreve com destreza 'o caminho' para homens e mulheres de negócios. Estou ansioso para dar este livro a todas as pessoas com quem trabalho."

Ronald H. Colnett
Presidente da Saatchi & Saatchi DFS/Pacific Advertising, Inc.

"*Excelência Interior* é um livro gostoso e fácil de ler, repleto de sugestões práticas para integrar o espírito humano e o sucesso, o que leva a uma vida realizada. Viva! Este é o livro do momento."

Ruth Ross
Autora de *Prospering Woman*

"Os Orsborns — proprietários de uma empresa de comunicações com base em San Francisco — reduziram a semana de trabalho e a produtividade aumentou."

Fortune Magazine

CULTRIX/PENSAMENTO